DAS MONSTER

IM KOPF DES SERIENMÖRDERS

JÖRG PIESKER

PAIN MATRIX KOLLEKTIV

True Crime Thriller

Bei AMAZON

Hier erzählen Deutschlands beste Thrillerautoren mit den Stimmen der schrecklichsten Serienmörder der Welt.

Erlebe die düstere Welt der Serienkiller in den mitreißenden Pain-Matrix-Thrillern. Lass dich von den packenden Erzählungen aus der Perspektive der Täter fesseln und tauche tief in ihre schaurige Psyche ein. Hier findest du unvergessliche Leseerlebnisse, die dich von der ersten Seite an in ihren Bann ziehen werden. Jetzt entdecken!

Verpasse keine Rabatte, Aktionen und Neuerscheinung mit der

Newspost.

DAS MONSTER

IM KOPF DES SERIENMÖRDERS

JÖRG PIESKER

DAS MONSTER

Ein Pain Matrix Thriller

von

Jörg Piesker

Alle Thriller der Serie hier:

https://www.joerg-piesker.de/pain-matrix/

DAS MONSTER

Ein Pain Matrix Thriller von Jörg Piesker

Copyright © 2024
Jörg Piesker
https://www.joerg-piesker.de/impressum/

www.joerg-piesker.de

Obsidia Verlag

ISBN: 978-3-384-19542-5

Sie brauchten einen Schlafplatz.
Kalle war hilfsbereit.
Eine tödliche Falle.

In den dunklen Kneipen des Rotlichtviertels von Hamburgs sündiger Reeperbahn lauert das Grauen. Ein stiller Mann mit einem düsteren Geheimnis, bereit, seine perfiden Fantasien an wehrlosen Opfern auszuleben. Karl-Heinz Haack, der wahre Albtraum, in den Gassen des Schreckens.

Prostituierte, die von der Gesellschaft vergessen wurden, verfallen einer unbarmherzigen Bestie, die nach neuen Opfern giert. Ihre einsamen Fußspuren führen ins Nichts, während das Monster sein blutiges Treiben vervollkommnet.

Basierend auf wahren Ereignissen entführt uns

dieser True Crime Thriller in die tiefsten Abgründe der menschlichen Psyche. Verborgene Wahrheiten und verstörende Geheimnisse treten ans Licht. Doch Vorsicht! Der Blick in die schaurigen Gedanken dieses Mannes ist verstörend und nur für hart gesottene Leserinnen und Leser gedacht.

Ein Serienmörder, der scheinbar unsichtbar bleibt. Wie war es möglich, dass ein Monster wie Haack über Jahre hinweg im Schatten lauern konnte, ohne dass jemand es je merkte. Woher kam diese unstillbare Gier nach Zerstörung und Tod? Eine gnadenlose Achterbahnfahrt durch das Leben und die unvorstellbaren Grausamkeiten, eines der schrecklichsten Serienmörder Deutschlands.

Lassen Sie sich von dieser atemlosen Jagd nach dem unbekannten Ungeheuer in den Bann ziehen. Der wahre Albtraum hat begonnen – sind Sie bereit für ›Das Monster‹?

Liebe Leserinnen und Leser,

als ich mich entschloss, die erschütternde Geschichte des Serienmörders Fritz Honka aufzuarbeiten, war mir nicht bewusst, welchen Abgrund ich betreten sollte. Honka, ein unscheinbarer Mann, der in den dunklen Ecken Hamburgs sein Unwesen trieb, hinterließ eine Spur des Entsetzens und des Grauens.

Die Recherche für dieses Buch gewährte mir abgründige Einblicke in das Seelenleben des Monsters Fritz Honka. Seine Taten und die Motive dahinter sind kaum zu verstehen. Es gab Schlüsselerlebnisse, wie bei jedem Menschen. Diese habe ich versucht, als Erklärung zu zeigen. Doch nur eins ist klar – sein wahres Gesicht war von primitiver Gefühlskälte und Perversion gezeichnet.

Die Wahrheit über Fritz Honka ist ein bedrückendes Kapitel unserer Zeit, das nicht einfach zu lesen, aber dennoch von großer Bedeutung ist. Tauchen Sie ein in die düstere Welt eines Serienmörders und lassen Sie sich von seiner grausamen Geschichte fesseln.

Haben Sie starke Nerven und halten erschreckende Details aus?

Dann begleiten Sie mich auf eine weitere Reise in die Abgründe der menschlichen Seele.

Ihr *Jörg Piesker*

KAPITEL EINS

Als ich im Jahr 1943 – gerade mal acht Jahre alt – in Leipzig lebte, war mein Leben bereits von Tragödien gezeichnet. Mein Vater geriet ins Visier der Nationalsozialisten, und sie sperrten ihn in ein verdammtes Konzentrationslager. Eine Erfahrung, die er nicht überwinden sollte. Als er 1945 zurückkehrte, war er ein gebrochener Mensch, sowohl körperlich als auch seelisch. Er redete oft von fernen Zielen in der Welt und von Schiffen, mit denen man sie erreichen konnte. Eine Schiffsreise – mein Vater und ich – nur wir zwei. Ich musste ununterbrochen daran denken und malte mir in meinen Gedanken aus, dass mein Vater eine Kapitänsmütze tragen würde und ich eine saubere weiße Uniform anhätte. Unsere Hände hinterm Rücken verschränkt schritten wir in meinen Träumen das

Schiff ab und gaben Befehle, bevor wir an einem reich gedeckten Tisch Platz nahmen und so lange aßen, bis wir satt waren. Jeden Tag dasselbe prächtige Leben. Doch dieser Traum sollte nie in Erfüllung gehen. Im Jahre 1946 starb er an den Spätfolgen der Gefangenschaft und an seinem exzessiven Alkoholkonsum.

Meine Mutter weinte andauernd, trank ebenfalls viel Alkohol und überließ uns zehn Kinder größtenteils uns selbst. Da unser ältester Bruder Wilhelm ein Jahr zuvor mit siebzehn im Krieg gefallen war, übernahm mein acht Jahre älterer Bruder Oscar nach seinen Regeln die Führung unseres Rudels. Wir mussten ihn mit ›Gruppenführer‹ ansprechen. In dieser Zeit hatte ich ununterbrochen Hunger, Durst und brennende Augen, weil ich um meinen Vater weinte. Ich war wohl der Einzige, der ihn vermisste. Meine Mutter war kaum ansprechbar, weil sie immer mehr trank, und für meine Geschwister schien mein Vater nie existiert zu haben. Oscar brachte in immer kürzeren Abständen fremde Männer zu uns, die mit Mutter im Schlafzimmer verschwanden. Wir Kinder mussten währenddessen die Wohnung verlassen. »Warum können wir nicht im Haus bleiben?«, wollte ich einmal wissen.

»Schnauze«, blaffte Oscar zurück und trieb uns auf die Straße, während unsere Mutter mit dem fremden Mann in der Wohnung blieb.

Ich besaß keine Winterjacke und die Schuhe, die bereits mein Bruder Oscar getragen hatte, als er in meinem Alter war, quetschten mir inzwischen die Zehen ein. Oscar hingegen hatte zwei Paar Schuhe und auch zwei Jacken. Auch meine beiden kleineren Brüder und meine fünf Schwestern besaßen kaum Kleidung, somit war das für mich normal. Dass Oscar als Einziger mehr besaß, erschien mir nicht ungewöhnlich. Hätte ich andere Schuhe besessen, die meine Zehen nicht einquetschten, hätte ich Oscars abgetragene Schuhe an meinen jüngsten Bruder Gustav weitergegeben. Gustav war fünf, dem hätten sie noch gepasst. So aber musste Gustav gefälligst barfuß zurechtkommen.

Wir standen wie die Orgelpfeifen frierend nebeneinander auf der Straße, mit unseren Rücken an die Hauswand gedrückt, um den Schneewehen geringstmöglich ausgesetzt zu sein. Bibbernd kauerten wir uns zusammen und warteten, dass der Mann das Haus wieder verließ. Oscar, unser Gruppenführer – blies sich seinen Atem in die Fäuste und trat dabei auf der Stelle. Wir Kleineren äfften das nach, obwohl es kaum half. Rechts neben ihm stand Heinz. Neben Heinz stand ich. Und neben mir, also ganz außen, stand Gustav, der Zwerg. Heinz war ein Jahr jünger als ich, überragte mich aber bereits. Weshalb er vor mir stehen durfte, erzähle ich noch; eine unangenehme Geschichte. Links neben Gruppenführer Oscar, auf der anderen

Seite also, standen die fünf Schwestern. Oscar hatte sie ebenso nach Alter aufgereiht, wie uns Jungs.

Die Schneewehen wurden stärker. Eisige Flocken pfiffen um uns herum und die Zeit wollte nicht vergehen. Anstatt uns Mut zu machen, erzählte Oscar ständig schaurige Geschichten von russischen Soldaten, die an der Front das Fleisch von getöteten Soldaten fraßen. Oscar sparte nicht mit Details darüber, auf welche Weise die Russen angeblich die Leiber der getöteten Feinde mit ihren riesigen Messern zerschnitten, um sie roh zu verspeisen. Ich könnte nicht sagen, was uns mehr zum Zittern brachte, die Kälte oder die Angst vor den Russen. So oder so hatten wir alle höllisch Schiss vor Russen und vor Oscar. Denn Oscar kannte jeden einzelnen der Menschenfresser. So jedenfalls seinen Erzählungen nach.

Bibbernd verkniff ich mir das Heulen und musste an den Mann denken, der gerade bei unserer Mutter war und fragte mich, ob er womöglich auch zu den Menschenfressern gehörte. Er hatte einen angsteinflößenden Blick, trug eine abgewetzte Uniformjacke und hatte, nach meiner Erinnerung, ungewöhnlich große Zähne. Ich hoffte, dass er bald verschwand und nicht mehr wiederkam. Die Chancen dafür waren gut, denn die meisten Männer kamen tatsächlich nur einmal zu Mutter. Oder ich erinnere mich vielleicht nicht mehr an die vielen Gesichter. Nur einer kam öfter. Ich mochte ihn.

Wir durften seinen Namen nicht erfahren, aber sonst war er nett. Er hat uns manchmal Kartoffeln mitgebracht. Einmal, als er und mein Bruder Oscar wieder die Köpfe zusammengesteckt hatten, ging ich neugierig näher heran. »Zisch ab!«, hatte Oscar mich sofort angeblafft und mich grob zurückgeschubst, sodass ich rückwärts auf den Boden fiel. Dabei hatte ich meine Mütze verloren, die sich Heinz sofort schnappte und nicht wieder hergab. »Gib meine Mütze wieder her«, hatte ich gerufen und danach gegriffen. Das stand ihm nicht zu, schließlich war ich älter als er. Aber Heinz hatte ohne Vorwarnung ausgeholt und mir mit der Faust meine Nase blutig geschlagen. Der Einschlag seiner Faust in meinem Gesicht hatte ein urgewaltiges dumpfes Geräusch verursacht, das meinen ganzen Körper mit Angst ausfüllte und vor meinen Augen Blitze explodieren ließ. Ich torkelte zurück, hatte mich mit einer Hand an der Hauswand festgehalten, weil sich alles drehte. Sofort war warmes Blut aus meiner Nase geschossen. Heinz, der mich mit erhobenen Fäusten kampfbereit im Blick behalten hatte, ließ seine Fäuste bei meinem Anblick sinken, setzte sich meine Mütze auf und stolzierte weg. Meine Nase war ohnehin von Geburt an schief und empfindlich, weshalb ich auch so schon nur schlecht Luft bekam und dabei blöde Laute von mir gab. Nach dem Faustschlag war meine Nase total zugeschwollen und ich musste mit offenem Mund atmen. Ich hatte mir das Heulen nicht verkneifen können. Mein Bruder Oscar hatte davon keine Notiz genommen, meine Schwestern lachten mich aus und ich war von diesem Tag an Willy, *die Pfeife*.

Seit diesem Tag hatte ich meinen Platz in der Reihe direkt neben Oscar an Heinz verloren.

Wenn ich eines gelernt habe in dieser Zeit, dann, dass du dir nehmen musst, was du brauchst. Jemand anderes wird nicht daherkommen und dir was schenken.

KAPITEL ZWEI

Es mochte eine gefühlt unendliche und eisige halbe Stunde gewesen sein, bis der Mann endlich wieder auf die Straße trat. Das war das Signal, dass wir zurück in die Wohnung durften. Als er uns erblickte, schlug er den Kragen hoch, wandte sich ab und verschwand eilig. Wir Kinder stürmten sofort ins Haus und rannten die Treppen hoch. Schon der Hausflur kam uns mollig warm vor. Machte einer von uns zu laute Geräusche beim Treppensteigen, bekam er von Oscar eine schmerzende Kopfnuss – ein kurzer Schlag mit den Fingerknöcheln seiner geballten Faust über die Augenbraue. Oder er griff die Koteletten und zog daran, bis der Schmerz eine Träne aus dem Auge des Aufrührers herauspresste. Wer heulte oder sich beschwerte, bekam noch eine Kopfnuss. Wenn sich alle in Reih und Glied aufgestellt hatten, schloss Oscar feierlich die Wohnungstür auf.

Es war dann immer dieselbe Routine: Mutter gab meinem Bruder Oscar das Geld, das sie von dem Mann erhalten hatte, Oscar zählte es und motzte jedes Mal. Meistens beschimpfte er Mutter, manchmal schlug er sie. Oscar verschwand im Anschluss daran, um lange Zeit danach wieder heimzukehren. Er brachte dann mit, was er bekommen konnte, meistens Brot oder Graupen, die wir in Wasser kochten. Das war unsere Hauptmahlzeit. Für Mutter brachte er Schnaps mit. Mutter, die ihr Leben mit ihren Schnapsflaschen in der Küche verbrachte und sich um keines von uns Kindern kümmerte.

Oscar beanspruchte das Wohnzimmer, seit Vater tot war. Mutter schlief in einer winzigen Mädchenkammer und ich und meine acht Geschwister hausten in dem zweiten Zimmer. Am Tage waren Matratzen übereinandergestapelt. Am Abend wurden sie zum Schlafen ausgelegt. Die Mädchen links, die Jungs rechts.

Zwei Jahre später, kurz vor Kriegsende, änderte sich mein Leben über Nacht. Es war der vierte Februar 1945. Zunächst begann dieser Sonntag ohne besondere Vorkommnisse. Meine Mutter lag vormittags schnarchend im Bett, wir Geschwister froren um die Wette. Wenigstens stritten wir in Anbetracht der Kälte und des Hungers kaum. Wie mir von Oscar aufgetragen wurde, ging ich jede Stunde in die Küche, um den Wasserhahn kurz anzustellen, da sonst die Wasserleitung einfror. Sicherheitshalber sollte ich zwei Töpfe befüllen, damit wir einen kleinen Vorrat haben, falls das Wasser doch ausfällt. Die Fliegeralarme wurden immer häufiger ausgerufen, manchmal mussten wir sogar mehrmals am Tag in den Luftschutzkeller. Mutter war damals eigentlich nur noch besoffen. Sie war kaum noch ansprechbar. Zu den Alarmen mussten wir sie mit vereinten Kräften in den Luftschutzkeller tragen, da sie sich allein nicht mehr auf den Beinen halten konnte oder nicht begriff, worum es überhaupt ging. »Die sollte man abholen lassen!«, schimpfte Frau Hassel, von nebenan. »Wenn der Krieg vorüber ist, werde ich dafür sorgen, dass wieder Zucht und Ordnung in dieses Haus zurückkehrt.« Frau Hassel drängte mich beiseite und lief eilig die Treppen hinunter, Richtung Luftschutzkeller. »Was meint sie damit?«, wollte ich im Laufen von Oscar wissen.

»Die will uns das Amt auf den Hals hetzen, die alte Hexe«, gab Oscar zurück und lief voran. Wir Geschwister folgten ihm und blieben wie durch ein Wunder immer beisammen, ohne dass jemand besonders darauf geachtet hätte. Im Keller hatte jede Familie ihren Platz. Wir drängten uns, auf dem Boden sitzend, aneinander. Mutter in der Mitte. Es rumste gewaltig da oben, die Wände wackelten, einige in dem Keller weinten leise, aber niemand schrie. Nach mehreren Minuten, in denen fürchterliche Detonationen unsere Körper vibrieren ließen, war plötzlich Stille. Husten und Atemgeräusche kamen langsam auf. Es roch nach Brand, Staub, Schimmel und Pisse. Wir mussten uns so lange still verhalten, bis Herr Schlick die Lage überprüft hatte. Herr Schlick war ein alter Mann, ein Kriegsversehrter des Ersten Weltkrieges mit einem steifen rechten Arm und einer gruseligen künstlichen Hand, über die er immer einen schwarzen Handschuh trug. »Die Luft ist rein«, rief Herr Schlick, und winkte uns mit seiner Gruselhand zu sich, woraufhin alle in geübter Reihenfolge den Luftschutzkeller wieder verließen, um zurück in die Wohnungen zu kehren. Wir warteten immer, bis alle anderen gegangen waren und schleppten Mutter als Letzte zurück. »Ich muss pinkeln«, nuschelte sie, als wir auf einem Zwischenpodest an der Toilette vorbeikamen.

»Ist besetzt!«, keifte Oscar sie an.

»Ich muss aber.«

Ohne darauf zu antworten, schleppten wir sie weiter bis in unsere Küche. Dort stand ihr Eimer bereit, auf den sie sich sofort setzte und geräuschvoll abließ. Wir ließen sie allein in der Küche zurück. Ihren Eimer zu entleeren, war Aufgabe der Mädchen. »Mitkommen!«, befahl Oscar und wir folgten ihm ins Wohnzimmer. Er stellte sich vor uns. »Die Hassel ist nicht die Einzige, die sich über uns beschwert. Wenn das so weiter geht, steht bald wieder die Gestapo vor der Tür. Darauf werde ich nicht warten. Wir werden Mutter künftig nicht mehr mitnehmen, damit sich die Nachbarn nicht weiter das Maul zerreißen.«

Die Gestapo kam nicht und das Ende des Zweiten Weltkrieges war da. Frau Hassel, unsere aufmerksame Nachbarin, wurde von den Befreiern vergewaltigt und erschlagen, genauso, wie eine meiner Schwestern. Damit war die Gefahr, dass die Hassel uns anschwärzte, vorbei. Wie ich erfahren musste, war Frau Hassel jedoch nicht die Einzige, die uns beobachtete. Eines Tages im Juni 1945 – ich kann mich an das genaue Datum nicht erinnern – betraten eine Frau und ein Mann unsere Wohnung, nachdem ich die Tür geöffnet hatte. Sie trugen förmliche Kleidung, hatten neu aussehende Aktentaschen und stellten sich vor mich. »Dein Name?«, fragte die Frau mit der hochgesteckten Frisur.

»Karl-Heinz Haack«, antwortete ich beeindruckt. Mein Herz wummerte, wegen Oscars vieler Geschichten, von denen einige auch von Geheimorganisationen handelten, die Kinder abholten, um sie zu fressen (wahrscheinlich trieb damals der Hunger Oscar dazu, fortwährend vom Essen zu reden.) Die Frau notierte etwas auf einer Kladde, die sie inzwischen aus der Aktentasche gezogen hatte. »Wo sind deine Geschwister?«, fragte sie mich. Ich begriff, dass ich besser schweigen sollte, und hob nur kurz die Schultern. Die Frau legte mir eine Handschelle an und fesselte mich damit an ein Gasrohr in Flur. Ohne dass ich es wollte, bepinkelte ich mich, wagte nicht, etwas zu sagen. Die Frau und der Mann suchten die Wohnung ab, fanden nur noch zwei meiner jüngeren Schwestern, die anderen waren unterwegs, um etwas zu essen zu organisieren. Man zerrte uns drei aus der Wohnung und steckte uns in ein Polizeifahrzeug.

So landete ich in einem düsteren Leipziger Kinderheim. Ich besaß nichts außer den Kleidern am Leib und einem kleinen Schiff, einem alten Blechspielzeug, das mein Vater zu Lebzeiten immer bei sich getragen hatte. Dieses Spielzeug war das Einzige, was mir von ihm geblieben war – eine Erinnerung an die Hoffnung, die er in mir geweckt hatte.

Das Heim war ein Ort der Einsamkeit und der Kälte. Die Betreuer waren rücksichtslos und grausam, und ich wurde zum Sündenbock für ihre Frustrationen. Tag für Tag musste ich mir ihre Beleidigungen und Misshandlungen anhören. In ihrer Gegenwart fühlte ich mich, wie das letzte Stück Dreck auf dieser verdammten Erde. Ich fragte mich oft, was aus mir werden sollte. Ohne Familie und ohne eine Perspektive für die Zukunft schien mein Leben bereits von Anfang an zum

Scheitern verurteilt. Doch trotz all der Dunkelheit in meinem jungen Leben blieb eine kleine Flamme der Hoffnung in mir, dass es noch etwas Besseres für mich geben könnte.

Im Kinderheim war ich gezwungen, schnell erwachsen zu werden. Die Umstände, dass ich von allen als grundhässlich empfunden wurde, zwangen mich dazu, mich auf meine eigene Intuition und Überlebensfähigkeit zu verlassen. Ich wurde ein Meister des Unsichtbarseins, ein Schatten, der sich geräuschlos durch die dunklen Gänge des Heims bewegte, wenn ich an Türen lauschte oder aus dem Verborgenen heraus Mädchen beim Umziehen beobachtete. Dennoch war ich der Prügelknabe. Wann immer jemandem danach war, benutzte er mich, um seine Wut an mir auszulassen, mich zu erniedrigen oder sogar, mich zu vergewaltigen. Dass ich früh gelernt hatte, meine Gefühle zu unterdrücken und mich in mich selbst zurückzuziehen, war nun meine Überlebensstrategie, die sich auch im Laufe der Jahre noch als äußerst nützlich erweisen sollte.

Äußerlich gab ich mich hart und unbeteiligt. Doch konnte ich die Sehnsucht nach einer Familie und nach Zugehörigkeit, nicht aus meinem Inneren verbannen. Mir fehlte die Führung des Gruppenführers Oscar, von dem ich jahrelang nichts gehört hatte. Ich wusste weder von Oscar, wie es ihm erging, noch von irgendeinem meiner anderen

Geschwister. Eigenartigerweise vermisste ich aber nur Oscar. Wie viele Nächte verbrachte ich im Bett meines schäbigen Zimmers und träumte von einem Zuhause? Doch diese Träume waren nur Illusionen, Flausen eines dummen hässlichen Jungen, der nichts hatte außer seinem kleinen Schiff und den Erinnerungen an eine Vergangenheit, die er nie wirklich kennenlernen durfte.

Jahre, in denen ich mehrmals in andere Kinderheime verlegt wurde, vergingen quälend. Jedes Mal, wenn ich woanders ankam, wurde ich in kürzester Zeit in der Hackordnung bis nach ganz unten durchgereicht. Ich war schmächtig, hässlich und wegen meiner Nase hörte es sich eigenartig an, wenn ich sprach. So schwieg ich meistens, um Gelächter oder Schläge zu vermeiden. Ohnehin kam mir nie viel Kluges in den Sinn, was ich hätte erzählen können. Mit sechzehn verließ ich das Kinderheim. Doch die Welt da draußen war nicht freundlicher als das Heim, in dem ich aufgewachsen war. Die Menschen sahen auf mich herab, lachten über mein äußeres Erscheinungsbild und spotteten über meinen einfach gestrickten Verstand. Hatte ich nicht bereits genug Leid in meinem Leben ertragen müssen? Doch ich würde mich nicht unterkriegen lassen. Für eine kurze Zeit versuchte ich mich in einem ordentlichen Job als Botenjunge. Doch die Welt des ›Normalen‹ war nichts für mich. Ich fühlte mich fehl am Platz, als ob ich nicht hierher gehörte. Vornehmen Herren wurde Achtung entgegengebracht, mir hingegen nur Ablehnung. So legte ich mir feine Kleidung zu und machte dadurch andere Erfahrungen. Es gab nun Menschen, die mich grüßten. Aber wenn ich mit einem von ihnen ins Gespräch kam, änderte sich die Stimmung schnell wieder und man sah auf mich herab, wie auf ein ekelerregendes Insekt. Eine innere Unruhe trieb mich voran, führte mich in die dunklen Abgründe meiner eigenen Gedanken und Fantasien, in denen ich andere quälte und dominierte. Und so begann meine Geschichte, die Geschichte eines verlorenen Jungen, der sein Schicksal herausfordern sollte und zu einem Monster mutierte, das die Menschen in Angst und Schrecken versetzte.

KAPITEL DREI

Auch sechs Jahre nach dem Krieg lag Leipzig größtenteils in Schutt und Asche. Die Ereignisse der letzten Jahre hatten die Welt erschüttert und eine Welle der Unsicherheit ausgelöst. Jeder Tag brachte neue Horrormeldungen von Hunger, Angst und Schreckenstaten. Die Menschen fühlten sich machtlos und fragten sich, ob es überhaupt noch eine Zukunft und einen Ort gibt, an dem sie sicher leben können. Angst und Beklemmung legte sich wie ein dunkler Schatten über die Gesellschaft. In den Straßen und an öffentlichen Plätzen war eine beunruhigende Stille zu spüren, die schnell in Aggression umschlagen konnte. Alle schienen sich hinter verschlossenen Türen zu verbarrikadieren und jeden verdächtigend zu betrachten, der sich ihnen näherte. Die Zeitungen hatten einen großen

Anteil an dieser Atmosphäre der Angst. Jede Nachrichtenmeldung brachte neue schreckliche Bilder und Berichte. Die Schlagzeilen schienen sich sogar gegenseitig überbieten zu wollen, wer die gruseligsten und schockierendsten Geschichten zu liefern hatte und der Untergang der Welt wurde bald beschrien. Ich fragte mich, ob mein Bruder Oscar inzwischen Artikelschreiber geworden war und ob bald menschenfressende Russen die Titelseiten prägten. Die Psyche der Menschen wurde dadurch weiter belastet und ihre Ängste noch verstärkt.

Tatsache war, dass die Verbrechen damals furchtbar zunahmen. Rohe Gewalt herrschte an allen Ecken, Raub, Mord, Diebstahl und Vergewaltigungen waren allgegenwärtig. Doch trotz all dieser Bedrohungen und des ständigen Warnens vernahm ich immer wieder Funken der Hoffnung in den Herzen der Menschen, wenn sie sich unterhielten. Sie wollten sich nicht von der Angst beherrschen lassen. Sie suchten nach Lösungen und Wegen, um ihre Sicherheit zurückzugewinnen.

Die Regierung geriet unter Druck, mehr für die Sicherheit ihrer Bürger zu tun. Polizei und Sicherheitskräfte verstärkten ihre Präsenz und ergriffen Maßnahmen, um mögliche Angriffe zu verhindern. Bald tanzte der ›Migränestab‹ in den Straßen und die Ganoven wurden ruhiger. Die Bevölkerung wurde ermutigt, wachsam zu sein und verdächtige

Aktivitäten zu melden. Auch die Gemeinschaften fanden zusammen, um ein Gefühl der Sicherheit zu schaffen. Nachbarschaftswachen wurden organisiert und Menschen halfen sich gegenseitig, indem sie aufeinander aufpassten. Es war ein Zeichen der Solidarität und des Zusammenhalts in schwierigen Zeiten.

Die Angst hatte das Leben der Menschen verändert, aber sie hatten sich nicht entmutigen lassen. Sie gaben nicht auf und kämpften dagegen an. Denn in ihrer Verzweiflung hatten sie erkannt, dass die einzige Möglichkeit, mit der Angst umzugehen, darin bestand, zusammenzustehen und gemeinsam nach Lösungen zu suchen. Die Menschen waren bereit, für ihre Sicherheit und für eine bessere Zukunft zu kämpfen. Sie wollten nicht länger von Hoffnungslosigkeit und Angst überwältigt werden und ihr Leben in ständiger Furcht verbringen. Stattdessen entschieden sie sich dafür, ihre Ängste zu konfrontieren und gemeinsam eine Welt des Friedens und der Sicherheit aufzubauen.

Nur mich wollte niemand dabeihaben. Denn ich war hässlich und ein Krüppel.

Das Wirtschaftswunder kam und auf einen Schlag schien die Welt sich in neuen Farben zu zeigen. Es gab Arbeit und man konnte Lebensmittel, Zigaretten, Schokolade und Schnaps in Hülle und Fülle kaufen. Viele, die noch vor Kurzem dünn wie ein Strich waren, wurden schnell kugelrund. Auch ich holte einiges nach. Aber meine Erinnerung an den Hunger wurde schnell schwächer und mein Interesse am Fressen ließ nach. Dafür gefiel es mir, Jacobi 1880 zu trinken. Anfangs genoss ich einige Schnäpse am Wochenende. Bald waren es täglich ein paar Gläschen und rasch kam die Zeit, in der ich täglich trank. Sobald ich die ersten zwei, drei Gläser intus hatte, fühlte ich mich unbeschwerter und es gelang mir sogar, Gespräche zu führen und mit kritischen Blicken umzugehen. Ich entwickelte in dieser Zeit eine Art Humor. Der kam selten an. Aber er schadete mir auch nicht. Immerhin kam ich damit ins Gespräch.

Ich arbeitete viel und gern, das Geld in den Händen zu halten, war eine große Befriedigung. Es verlieh mir Macht. Zumindest für die Zeit, in der ich es noch nicht ausgegeben hatte. Endlich konnte ich es mir leisten, zu Prostituierten zu gehen. Mein Drang war früh da, eine Freundin hatte ich niemals und jede Selbstbefriedigung hielt nur wenige Stunden an. Es mit einer Frau zu treiben, war etwas ganz anderes.

Maurer wurden gesucht, da zerbombte Wohnhäuser wiederaufgebaut werden mussten. Es gab noch viel zu viele dieser Ruinen und viel zu viele Menschen, die Wohnungen benötigten. Die Arbeit war schwer und die Kollegen gnadenlos im Umgang mit mir. Ich war viel kleiner, als die anderen, aber ich packte kräftig zu und errang so eine gewisse Duldung. Der Verdienst war großartig.

Eines Abends saß ich nach Feierabend wieder in meiner Stammkneipe. Traudchen, die Wirtin, war wie immer unfreundlich, die Gäste waren ausschließlich alte Männer, die jeder für sich saßen und wenn sie sich unterhielten, über die Tische hinweg über vergangene Kriegserlebnisse klagten. Von mir wollte niemand etwas wissen, da ich nichts beizutragen hatte. Ich war der Einzige, der Geld in den Musikautomaten warf, ich mochte Lale Andersen und drückte jeden Tag das Lied ›Das rote Licht der kleinen Bar‹. Die Abende vergingen, auf diese betuliche Weise, dennoch fühlte ich mich in dieser vertrauten Umgebung wohler als allein zu Hause. Traudchen brachte mir ohne Worte das kleine Gedeck, einen Jacobi und ein Pils. Dienstags gab es Buletten, deren Duft die ganze Kneipe erfüllte und mir das Wasser im Munde zusammen-laufen ließ. An den anderen Tagen bot Traudchen belegte Brote mit Gürkchen an oder auch mal einen Erbseneintopf.

Ich trank, bis ich müde wurde, torkelte dann in meine Wohnung, um zu schlafen. Am nächsten Tag ging ich zur Arbeit, abends wieder zu Traudchen – es war eine schöne Zeit der vertrauten Gewohnheiten.

An einem Freitag im Juli 1954 – ich hatte gerade

an meinem Stammtisch bei Traudchen Platz genommen – wurde die Kneipentür aufgerissen und eine junge Frau trat gehetzt herein. Sie war verheult, sah sich um und schritt Richtung Toiletten. Als sie an meinem Tisch vorbeikam, ließ sie ihren Koffer grob stehen. Traudchen brachte mir mein erstes kleines Gedeck und schaute der Frau mürrisch hinterher. »Die habe ich hier noch nie gesehen, du?«, knurrte Traudchen.

»Nein«, gab ich überrumpelt zurück und starrte ebenfalls in die Richtung, in der die Frau verschwunden war. Ich kippte meinen ersten Schnaps herunter und behielt den Koffer der Frau im Blick. Geräuschlos stand sie plötzlich neben mir, griff danach und wollte die Kneipe wieder verlassen.

»Hey, Moment mal. Das ist hier keine öffentliche Toilette«, rief Traudchen und war blitzschnell vor der jungen Frau. »Sie müssen schon was trinken, wenn Sie hier reinkommen.«

Dass sie kein Geld besaß, erkannte ich auf den ersten Blick. Sie schaute weinerlich zur Tür und wusste offensichtlich keinen Ausweg.

»Die Dame ist mein Gast«, sagte ich, erhob mich und bot ihr einen Stuhl an meinem Tisch an. Traudchen sah mich verwundert an, die junge Frau war nun völlig überfordert.

»Bitte«, sagte ich und deutete auf den Stuhl an meinem Tisch. Ohne Worte nahm sie zögerlich Platz.

»Was möchten Sie trinken?«, fragte ich sie.

»Eine Cola bitte.«

Wir kamen erst langsam ins Gespräch, dann wurde es vertrauter. Sie hieß Marga – eigentlich Margarete – kam aus Ostrohe und wurde von einem Mann sitzen gelassen. Marga hatte auf einem Hof in der Nähe von Heide gearbeitet, wo eines Tages Franz auftauchte und ihr anbot, ihm nach Leipzig zu folgen. Das schöne Leben in einer größeren Stadt lockte Marga, bis Franz sie rauswarf, weil er eine neue große Liebe gefunden hatte. Da war sie nun, verlassen und ohne Bleibe.

Marga hatte einen kräftigen Schluck am Leibe und nach einer Stunde verstanden wir uns großartig. »Noch eine Lokalrunde, Traudchen«, rief ich in bester Laune. Marga legte ihre Hand auf meinen Unterarm und sah mir in die Augen. »Du musst ja viel Geld verdienen, dass du so spendabel sein kannst.« Ihr Blick war mir unangenehm. Dass eine Frau mich so intensiv ansah, war ich nicht gewohnt. Ich erwartete, dass sie mich jeden Augenblick auslachen würde, aber das geschah nicht. Die Wärme ihrer Hand an meinem Arm erregte mich.

»Ich kann nicht klagen«, sagte ich ein wenig angeberisch. »Ich bin Maurer, verdiene gut und habe niemanden, der auf mich wartet. Warum soll ich da nicht spendabel sein?«

»Ich mag Menschen, die nicht geizig sind.«

Ihre Nähe ging mir durch Mark und Bein.

. . .

Es war später geworden als sonst. Marga und ich waren die letzten Gäste. Traudchen räumte demonstrativ Stühle auf Nachbartische, aber Marga und ich ließen uns davon nicht beeindrucken. Marga erzählte ununterbrochen von sich, dass sie keine Familie hatte, sich aber ein Zuhause wünschte und Kinder haben wollte. Alles, was sie sagte, klang wie aus einem schönen Märchen für mich. Dass es eine Frau wie Marga geben würde, hätte ich nie zu träumen gewagt. Wenn sie es zuließe, würde ich sie vom Fleck weg heiraten.

»Feierabend für heute«, rief Traudchen und stellte sich zum Kassieren neben mich. Ich zückte mein Portemonnaie, bezahlte mit großzügigem Trinkgeld. Dabei achtete ich darauf, dass Marga auch die Geldscheine in meiner Börse sehen konnte. »Dann gehen wir mal nach Hause«, sagte ich, mehr zu mir selbst, und hoffte, dass Marga auf der Suche nach einem Schlafplatz war. Wir verließen Arm in Arm Traudchens Kneipe und liefen in Richtung meiner Wohnung. Sie fragte mich nicht danach und ich bot es ihr auch nicht an, sondern wie selbstverständlich folgte Marga mir. Unterwegs nahm ich ihr den Koffer ab. Zu Hause angekommen, bat ich sie hinein, ließ sie vorausgehen und verhielt mich überhaupt so zuvorkommend, wie es mir möglich war. Ich zeigte ihr die

Räume. »Ich bin ansonsten sehr ordentlich«, entschuldigte ich mich. »Ich hatte lange keinen Besuch.«

»Du bist süß«, antwortete sie und gab mir einen Kuss auf die Wange, was mir fast einen Herzschlag bescherte.

»Ich bin kurz im Badezimmer.« Sie drehte sich mädchenhaft um und verschwand. Ich stand da, gaffte ihr hinterher und hielt eine Hand an die Stelle im Gesicht, die sie gerade geküsst hatte.

KAPITEL VIER

Die ersten Wochen mit Marga waren wie ein Rausch. Ich konnte es kaum fassen, dass ich mit ihr geschlafen hatte, und dann gleich mehrere Tage hintereinander. Es war mein erster richtiger Sex und es fühlte sich einfach fantastisch an. Marga war eine Frau, wie ich sie mir immer gewünscht hatte. Sie war schön, klug und wild. Sie riss mich förmlich mit und ich konnte einfach nicht genug von ihr bekommen.

Doch plötzlich wurde unsere Welt von einer schockierenden Nachricht erschüttert. Ich erhielt die Mitteilung, dass ich wegen Zementkrätze entlassen wurde. Die Arbeit als Maurer, die ich erst vor Kurzem begonnen hatte, wurde gekündigt und meine wohlhabende Welt zerbrach in diesem

Moment. Ich war am Boden zerstört. Es war meine einzige Einnahmequelle und nun stand ich ohne alles da.

Marga schlug vor, dass wir nach Ostrohe ziehen. Es war ihr Heimatort und sie meinte, dort bestünde die Aussicht auf Arbeit auf einem Hof. Ich war skeptisch, aber sie kannte den Hof und schwärmte, weil sie dort schon gearbeitet hatte. Darüber hinaus schien es die einzige Option zu sein. Wenn Marga etwas wollte, konnte ich es ihr nicht abschlagen. Ihr Blick war dann noch süßer, als sonst schon. Außerdem wurde ich meist mit noch intensiverem Sex belohnt, wenn ich ihre Wünsche erfüllte. Ich glaube, ich war damals süchtig nach Marga. Also stimmte ich zu und die Entscheidung für einen Neuanfang in Ostrohe war gefällt.

Nach unserer Ankunft in Ostrohe vergingen einige Wochen. Marga hatte ihre ehemalige Anstellung auf einem kleinen Bauernhof wiederbekommen und ich wurde ebenfalls dort eingestellt. Sie war glücklich und erfüllt von ihrem Job, doch ich konnte nicht dieselbe Zufriedenheit finden. Ich hatte meine Arbeit als Maurer und den hohen Verdienst verloren und das nagte an mir.

Doch das Leben meinte es gut mit mir in dieser Zeit: Marga war schwanger. Ich war völlig überrumpelt von dieser Neuigkeit und konnte es nicht fassen. Zuerst lernte ich diese traumhafte Frau kennen und nun erwarteten wir ein Kind. Einerseits war ich in einem Taumel der Freude, andererseits wusste ich nicht, wie ich damit umgehen sollte. Ich – Vater? Ich war einundzwanzig und somit alt genug. Aber ich fühlte mich auf der anderen Seite noch selbst wie ein Kind. Und nun sollte ich einem Kind Vorbild sein und es anführen. Ich rang mit meiner inneren Zerrissenheit. Aber ich wollte für Marga und für unsere kleine Familie da sein. Es sollte ihr und unserem Kind gut gehen. Es waren bessere Zeiten als damals, als ich selbst ein Kind gewesen war. Das machte mir Mut.

Ich hätte platzen können vor Glück, als Marga kurz darauf vorschlug, dass wir heiraten sollten. Ohne Zögern stimmte ich sofort zu. Ich hatte in der Zeit vor Marga einiges an Geld ansparen können. Ein Hochzeitskleid und einen Anzug konnte ich problemlos bezahlen. Wir heirateten standesamtlich, feierten zu zweit in der Dorfkneipe von Ostrohe und fuhren anschließend nach Hause, in unser Zimmer auf dem Hof. Zu meiner Überraschung wollte Marga keinen Sex, so verbrachten wir die Hochzeitsnacht Rücken an Rücken, ich beleidigt und geil, Marga schnarchend.

Die Zeit verging und Margas Bauch wuchs, sie litt immer mehr unter der Schwangerschaft und ich kaufte immer mehr Dinge, um sie zu besänftigen. Aber es hielt nie lange an. Sie wollte keinen Sex mehr, ich onanierte wieder so oft, wie früher. Ich ackerte für zwei, kümmerte mich nach Feierabend um Margas Wohlbefinden und fiel spät abends völlig erschöpft ins Bett. Dann kam der Tag der Geburt, Jürgen war da und es war, als hätte ich nicht mehr existiert. Wenn Marga überhaupt mit mir redete, waren es schnippische Forderungen, Vorwürfe oder Beleidigungen. Zum ersten Mal, seit ich sie kannte, machte sie sich über meine schiefe Nase und mein hässliches Gesicht lustig. Mein Herz krampfte. Ich gestand Marga meine Liebe und flehte darum, dass wir ein harmonisches Familienleben leben sollten. Sie sah mich dann nur genervt an und gab Antworten, wie »Na, so schlimm kann ich ja nicht sein, sonst wärst du ja nicht noch hier«, oder Ähnliches. Ich verstand die Welt nicht mehr.

Wir lebten zu dritt in einem Zimmer in einem Nebengebäude des Hofes, auf dem wir arbeiteten. Margas Lohn fiel aus, weil sie sich um Jürgen kümmern musste und oftmals Rückenleiden hatte, wir lebten von meinem Lohn und von meinen Ersparnissen. Wenn ich ihr nach der Arbeit Jürgen abnehmen wollte, erlaubte sie das nur für kurze Zeit. Wenn sie ihre Körperpflege betrieben hatte, nahm sie mir unser Kind wieder weg. Ich kaufte Spielzeug, was Marga jedoch wütend beiseitelegte. »Wie dumm bist du eigentlich?«, fragte sie mich brüllend. »Das Kind ist gerade mal ein halbes Jahr alt, wie soll er da mit einer Eisenbahn spielen?«

Es war eine sehr schöne Eisenbahn. Wenn ich als Kind so etwas Schönes bekommen hätte, wäre ich glücklich gewesen. Trotz der unbefriedigenden Umstände wollte ich unbedingt zu meiner Familie halten, schluckte allen Streit herunter. Ich erinnerte mich oft an die Streitereien meiner Eltern, die ich miterleben musste. Das wollte ich Jürgen ersparen. Marga nahm weniger Rücksicht. Wenn Jürgen weinte, nachdem sie mich angebrüllt hatte, warf sie mir vor: »Jetzt weint das Kind auch noch.« Ihre Aggressionen gegen mich wurden immer heftiger und sie gönnte sich wieder täglich ein paar Gläschen Korn. Als sie eines Tages sturzbetrunken war und Jürgen ihr beinahe aus den Armen rutschte, nahm ich ihr unser Kind ab. Ich ging mit Jürgen auf dem Arm auf und ab, während Marga betrunken auf der Couch schlief. Während ich in das zufriedene Gesicht des Kleinen schaute, der in meinen Armen schlief, spürte ich das Glück, das mich alles aushalten ließ. Margas Drohungen, dass sie mich rauswerfen würde, ließen mein Herz verkrampfen. Der Gedanke, Jürgen nicht mehr sehen zu können, war unerträglich.

»Was tust du da?«, schrillte ihre raue Stimme und sie erhob sich wankend.

»Du hast geschlafen und da dachte ich …«

»Du dachtest«, krächzte sie spottend, kam auf mich zu und riss mir Jürgen aus den Armen. »Das Kind hat eingeschissen! Bist du eigentlich zu überhaupt etwas zu gebrauchen?« Jürgen begann, zu weinen. Sie legte ihn grob auf die Couch und windelte ihn.

»Ich kann dir dabei helfen.« Mit entgegengestreckten Händen ging ich auf sie zu.

»Nimm deine ekelhaften Finger von dem Kind, du nichtsnutziger Krüppel!«, blaffte sie. Mein Herz schien vor Schreck stehen zu bleiben, nur mit Mühe konnte ich mir Tränen verkneifen – das würde Marga noch mehr zur Weißglut treiben.

»Aber ...«

»Aber ...«, äffte sie mich nach, stieß mich mit beiden Händen zurück und brüllte heiser. »Jürgen ist nicht dein Kind!« Sie warf mir noch einen verächtlichen Blick zu, wandte sich ab, beugte sich über Jürgen und nahm ihn eng an sich. Als ich die beiden ansah, spürte ich Schmerzen in meiner Seele, die ich so noch nie zuvor erlitten hatte. Die Wahrheit traf mich wie ein Schlag ins Gesicht und ich konnte nicht fassen, was ich gerade gehört hatte. Der Boden schien sich unter mir zu öffnen und ich fühlte mich wie in einem Albtraum gefangen. Mein Blick wanderte von ihr zu dem Kind. Marga, der ich alles gegeben hatte, hatte mich betrogen und ausgenutzt – ich war nicht Jürgens Vater! Ein unbändiger Hass entbrannte in mir. Vor meinem inneren Auge schlug ich sie nieder, vergewaltigte sie mehrmals und würgte sie anschließend so lange, bis sie qualvoll in meinen Händen verreckte. Nur, dass sie Jürgen auf dem Arm hielt, zwang mich, es nicht zu tun.

Was dann folgte, war an Grauenhaftigkeit nicht zu überbieten, Margas Beleidigungen wurden so schlimm, wie nie. Mir gingen die Sicherungen durch. Ein gewaltiger Streit zwischen Marga und mir brach aus. Das Wissen, dass alles aus war und Verzweiflung lagen in der Luft. Ich verließ das Haus, fand eine schäbige Behausung und hauste dort. Ich konnte gegen sie nicht ankommen, Marga hatte das Sorgerecht für das Kind. Obwohl ich wusste, dass ich nicht der Vater des Kindes war, hatte ich keine andere Wahl, als Unterhalt zu zahlen.

Der Plan, in Ostrohe Fuß zu fassen und ein neues Leben zu beginnen, war gescheitert. Ich stand vor den Scherben meines Lebens und wusste nicht, wohin ich mich wenden sollte. Die Zukunft erschien düster und ungewiss. Es war schwer, in dem kleinen Dorf eine feste Anstellung zu finden und so hielt ich mich mit Gelegenheitsjobs über Wasser. Ich wollte in der Nähe bleiben, weil ich hoffte, dass sich alles wieder einrenken würde. Ich fühlte mich verloren und einsam in dieser neuen Umgebung, ohne Marga und fern von Leipzig. Meine Gedanken drehten sich nur um Marga und das Kind, das nicht meins war.

Bald flatterte mir ein Brief ins Haus. Ich musste für Jürgen und für Marga Unterhalt zahlen. Schwankend zwischen Wut und Verzweiflung machte ich mich auf den Weg, Marga zur Rede zu stellen. Dort angekommen, verließ mich der Mut und ich lauerte hinter einem Baum. Nach einer halben Stunde, in der ich auf die Haustür gestarrt hatte und mehr denn je bereute, wie sich alles entwickelt hatte, öffnete sich die Tür. Marga schob einen Kinderwagen aus dem Haus – eine dumme Sehnsucht nach Jürgen kam auf. Als ich zu ihr gehen wollte, trat ein Mann ebenfalls aus dem Haus, schloss ab, nahm den Kinderwagen und die drei spazierten los.

Die Knöchel meiner Faust knackten, als ich hinter ihnen hersah. Abermals spielten sich in meiner Einbildung Bilder ab, wie ich Marga vergewaltigte und anschließend umbrachte. Mit unsäglichem Leid im Herzen zog ich mich zurück, verkroch mich in meiner Behausung und gab mich meiner Seelenqual hin. Drei Tage und Nächte lang weinte ich, begann wieder, zu trinken, und kam zu keiner Lösung meines Problems. Schließlich traf ich die Entscheidung, Ostrohe zu verlassen. Es gab keinen Grund mehr für mich, hierzubleiben. Ich war am Ende meiner Kräfte und brauchte einen Neuanfang. Also packte ich meine wenigen Habseligkeiten und machte mich auf den Weg.

Ich wusste nicht, wohin ich gehen sollte, aber ich war bereit, alles hinter mir zu lassen. Meine Zukunft lag im Ungewissen und ich war voller Angst vor dem, was kommen mochte. Doch ich war auch entschlossen, mich nicht unterkriegen zu lassen. Ich würde kämpfen und neu anfangen, wo auch immer das sein mochte.

Und so begann meine Reise, auf der Suche nach einem neuen Leben und einem Ort, an dem ich endlich glücklich sein könnte.

KAPITEL FÜNF

Es war das Jahr 1956, als ich in Hamburg ankam. Die große Stadt versprach mir ein neues Leben und eine Chance auf einen weiteren Neuanfang. Schon bald fand ich Arbeit bei einer Werft und war glücklich darüber. Endlich wieder eine gut bezahlte Tätigkeit, die mir ein Gefühl von Stabilität gab. Die Anonymität der Stadt tat mir gut. Niemand kannte mich hier, niemand wusste von meiner Vergangenheit in Leipzig oder in Ostrohe. Ich genoss es, unterzutauchen und mich in den Kneipen der Stadt zu verlieren. Der Alkohol floss in Strömen und ich fand meine Geborgenheit in der Feierbande, die sich in den Kneipen versammelte.

Die Zeißstraße wurde mein neues Zuhause. Eine kleine Wohnung im Dachgeschoss, nur eine

halbe Stunde Fußweg von der berühmt-berüch-
tigten Reeperbahn entfernt. Der perfekte Ort für
mich, um ein neues Kapitel meines Lebens zu
schreiben. Der ›Goldene Handschuh‹ wurde zu
meinem zweiten Zuhause. Hier traf ich zwielichtige
Gestalten aus der Umgebung der Reeperbahn. Es
war ein Ort, an dem jeder seinen Platz hatte, an
dem man mich kannte und respektierte. Ich wurde
»Kalle« genannt und der Name hatte sich fest in
meinem Gedächtnis eingebrannt. In meiner
Wohnung im Dachgeschoss hingen überall Nacktbilder an den Wänden. Es war ein Freudenhaus der
Sinne, das mich daran erinnerte, dass das Leben
wieder lebenswert war. Ich konnte sein, wer ich
wirklich war, ohne die Blicke oder das Urteil der
Gesellschaft. Doch das Schicksal hatte andere Pläne
für mich. Eines Tages wurde ich Opfer eines
schweren Autounfalls, der mein ohnehin entstelltes
Gesicht zusätzlich zeichnete. Ich begann zu schielen, eine weitere Erniedrigung meines Körpers, die
mich in den Augen anderer noch hässlicher machte.
Als ich zurück ins Arbeitsleben und in den ›Goldenen Handschuh‹ kehrte, merkte ich, dass ich in
der Hierarchie noch weiter abgerutscht war. Der
Drang nach sexueller Befriedigung wurde überwälti-
gend, aber keine Frau wollte mit mir etwas zu tun
haben. Ich musste meinen Trieb mit den abge-
wracktesten Prostituierten befriedigen, die keine
Bleibe hatten und die von den Menschen verachtet

und gemieden wurden. Um weitere Verspottungen zu vermeiden, gab ich den Frauen viel Geld, sagte ihnen, dass sie an der Bushaltestelle auf mich warten sollten. Sie verließen den ›Goldenen Handschuh‹ dann und ich folgte eine gewisse Zeit danach. Ich öffnete meine Wohnung und gewährte ihnen Unterschlupf, damit sie mir die Befriedigung schenkten, die ich so dringend brauchte. Es war ein trauriger Tausch, doch ich war darauf angewiesen, denn meine Geilheit trieb mich beinahe in den Wahnsinn.

Eine Bleibe und Geld, das waren meine Stärken in dieser Stadt. Ich spielte meine Asse aus und nutzte sie, um meinen unstillbaren Hunger nach Sex zu befriedigen. Es war ein trauriges Dasein, doch ich hatte meine eigenen Regeln aufgestellt. Auf der Reeperbahn, in den düsteren Kneipen der Stadt, gehörte ich dazu. Hier war ich Kalle, der Mann mit dem gezeichneten Gesicht, der Unscheinbare, der Spendable. Ich stellte keine Konkurrenz für jemanden dar und bot den Ausgespienen der Gesellschaft sichere Einnahmen und wenn sie es brauchten, einen Schlafplatz.

So verlief mein Leben weiter, geprägt von Alkohol, Sexfantasien und Einsamkeit. Ich fand Trost bei den Zwielichtigen, die meinen Weg kreuzten. Sie waren wie ich, sie hatten ihre Geheimnisse und Wunden. Gemeinsam schufen wir unsere eigene Welt, fernab der lächelnden Gesichter und der heilen Fassaden. Die Zeißstraße wurde mein Zufluchtsort, mein Zuhause. Hier konnte ich sein, wer ich war, ohne Fragen oder Blicke. Manchmal, wenn die Prostituierten wieder gegangen waren, ekelte ich mich vor mir selbst. Diese Frauen waren widerlich und ich konnte mich selbst nicht verstehen, wie ich es mit ihnen treiben konnte. Ich musste dann wehmütig an Marga denken, mit der es eine Offenbarung gewesen war, zu ficken.

Die meisten Frauen auf den Nacktbildern an den Wänden ähnelten Marga und zeigten mir, dass das Leben trotz allem lebenswert war. Dann onanierte ich. Und so ging es weiter, Tag um Tag, von einer Nacht zur nächsten. Und immer endeten meine Gedanken mit meinen würgenden Händen an Margas Hals.

KAPITEL SECHS

Es war eine eisige Nacht in den 70-Jahren in Hamburg, als Kriminalhauptkommissar Joseph Reinsch, genannt Joschi, und sein Kollege Kriminaloberkommissar Michael Kappels, kurz Micha, ihren Dienst in der Nähe der berüchtigten Reeperbahn verrichteten. Joschi war bekannt für seine unkonventionelle Arbeitsweise, Micha war seit einem halben Jahr an Joschis Seite. Joschi kurbelte die Seitenscheibe einen Spalt breit herunter und zündete sich eine Camel Filter an. Micha stellte die Heizung wärmer, Joschi ignorierte das. Er hatte mit dem jüngeren Kollegen noch einiges vor sich, was geübt werden musste. Der Bursche kam aus einem beschaulichen bayrischen Vorort hierher nach Hamburg – der Liebe wegen, wie er anfangs eifrig erzählte. Die Liebe war inzwischen abgehauen, Micha war geblieben.

»Wenn es draußen so richtig arschkalt ist, wie jetzt, passiert weniger und unsere Kontrollfahrten sind ruhiger.« Joschi pustete den blauen Dunst zur Seite, der wurde durch den Spalt der Scheibe nach draußen gesogen.

»Aber wenn die Verbrechen nicht auf der Straße geschehen, sondern drinnen, müssen wir ihnen doch trotzdem nachgehen.«

Joschi schloss kurz die Augen, nahm einen genießerischen Zug und richtete sich im Beifahrersitz auf. »Hier hat alles seine Ordnung, Micha, das wirst du noch verstehen. Wenn wir uns zu viel einmischen, erreichen wir das Gegenteil von dem, was wir wollen.«

Micha schwieg. Besser so. Diskussionen dieser Art hatten die beiden schon zig Mal.

Plötzlich wurden sie von einem lauten Knall aus ihren Gedanken gerissen. Micha stieg auf die Bremsen. Elektrisiert sprangen beide aus dem Wagen, versuchten, den Ort der Schießerei auszumachen. »Da drüben.« Micha deutete Richtung Talstraße. Beide hatten ihre Waffen aus den Halftern gerissen und hielten sie im Anschlag. Joschi rannte gebückt los. »Mist«, fluchte Micha leise, denn ihm wäre es lieber gewesen, wenn sie Verstärkung gerufen hätten.

Die Kugeln flogen wild umher und die beiden Kriminalbeamten warfen sich instinktiv auf den Boden, um sich zu schützen. »Wir sollten uns zurückziehen und Verstärkung rufen«, flehte Micha. Joschi erhob sich und gab einen Warnschuss in die Luft ab. »Polizei!«, rief er. Bevor er weiterreden konnte, wurde das Feuer erwidert. Während Micha unverletzt blieb, wurde Joschi von einer Kugel gestreift und stürzte zu Boden. »Scheiße!«, brüllte er hinter sich. »Wenn ich euch krieg, reiße ich euch den Arsch auf, ihr Penner!« Er wollte sich erheben, doch Micha hielt ihn zurück. »Es reicht!«, sagte er entschlossen.

»Was soll das, Micha? Das hier ist mein Revier und hier wird nicht auf Bullen geballert. Ich gehe jetzt dort hin, hole mir die Drecksau und bringe ihm die Spielregeln bei.« Abermals wollte Joschi sich erheben, wurde jedoch von Micha zurückgehalten. »Ich habe keine Lust, dich in der Leichenhalle zu besuchen, Mann. Wann kapierst du eigentlich, dass sich hier gerade alles ändert?«

Joschi spähte durch die Scheiben des Kombis, hinter dem sie sich in Deckung befanden. »Die scheinen sich verpisst zu haben, nix zu sehen.«

Auch Micha reckte seinen Hals und sah in die Richtung, aus der geschossen wurde. Es blieb ruhig. »Die sind scheinbar abgehauen.«

»Na fein. Dann darf ich jetzt endlich nachsehen,

Mutti?«, fragte Joschi sarkastisch, erhob sich und marschierte mit gezogener Waffe dort hin. Micha folgte ihm.

»Keine Menschenseele. Was für Leute wohnen denn hier, dass niemand aus dem Fenster sieht und keiner die Polizei ruft?«

»Das ist hier halt so. Und jetzt hör auf, zu quatschen, und halte lieber Augen und Ohren offen.«

Sie fanden nicht einmal Patronenhülsen. Zum Glück aber auch keine Leiche. »Wir müssen ein Protokoll aufnehmen«, stellte Micha fest. Joschi schob seine Pistole ins Holster unter der Achsel. »Wie kann man nur so geil darauf sein, Protokolle anzufertigen.« Er wandte sich um und ging zurück Richtung Dienstwagen. Micha eilte Joschi hinterher und deutete auf den Streifschuss an Joschis Schulter. »Wir müssen dich ins Krankenhaus bringen, Joschi«, rief er besorgt.

»Papperlapapp. Ist nur 'n Streifschuss. Fahr zu Harry Röhrig, dem ›König‹!«, befahl er. »Ich will wissen, wer hier herumgeballert hat und was der ›König‹ damit zu tun hat.«

Mit gemischten Gefühlen befolgte Micha den Befehl seines Mentors und fuhr mit quietschenden Reifen in Richtung von Harry Röhrigs Wohnung. Sie schwiegen während der Fahrt. Micha fühlte sich zittrig. Die Sache eben hätte verdammt schiefgehen können. Das Geräusch des Schusses hallte taub in seinen Ohren nach. Das, und das Blut, das an Joschis Hemd klebte, setzten ihm arg zu.

Endlich erreichte Micha Harry Röhrigs Wohnung. Joschi drückte den Knopf am Klingelbrett des Hochhauses. Es geschah nichts. »Es ist niemand da, wir sollten ...«

»Was willst du?«, unterbrach eine blecherne Stimme aus der Sprechanlage Micha. Joschi ging näher heran. »Ich will dir in den Arsch treten, weil du es nicht geschafft hast, mich abzuballern. Mach auf!«

Der Summer der Tür ertönte, Joschi stapfte voran und Micha folgte mit ungutem Gefühl. Der Ton, in dem Joschi mit dem ›König‹ redete, verursachte ihm Unbehagen. Seit sechs Monaten war Micha nun schon an der Seite von Joschi im Dienst rund um die Reeperbahn. Aber der alte Haudegen versetzte Micha regelmäßig von Neuem in Erstaunen. Als sie den Aufzug verließen und zielsicher den Flur nach rechts einbogen, sahen sie die offenstehende Wohnungstür. Micha wäre vorsichtig stehen geblieben, um die Lage zu checken. Joschi stieß die Tür grob auf und preschte hinein. »Seit wann schießt du auf Bullen, hä?« Joschi stob auf den ›König‹ zu. Ein bulliger Bodyguard stellte sich in den Weg und nahm eine bedrohliche Haltung ein. Micha tastete nach seiner Waffe.

»Schon gut«, sagte der ›König‹. »Hat man dir ins Gehirn geschissen? Warum sollte ich auf dich ballern? Das würde mir nichts als Ärger einbringen und das ist das Letzte, was ich jetzt noch gebrauchen kann.«

Joschi kratzte sich nachdenklich am Hinterkopf. Micha war aufgefallen, dass er das immer tat, wenn er in Bedrängnis war.

Der ›König‹ warf sich eine Erdnuss in den Mund. »Was ist passiert, Bulle?« Er kaute mit offenem Mund und sah Joschi grinsend an. Micha ignorierte er. Joschi zog seine Lederjacke aus und hielt sie dem ›König‹ vorwurfsvoll hin. »Das ist passiert.« Er schob einen Finger durch das Loch im Ärmel, das der Schuss gerissen hatte. Der ›König‹ warf eine weitere Nuss in seinen Mund. Seine Miene verfinsterte sich. »Das ist übel.«

»Und ob, Mann. Die Jacke trage ich seit zwanzig Jahren!«

»Ich meine nicht deine Jacke, Mann. Ich meine, dass ich keine Ahnung habe, wer das war – *das* ist übel.« Der ›König‹ wandte sich um, stellte die Schale mit den Nüssen auf den Glastisch und ging zum Fenster. Micha tastete rasch mit seinem Blick die Umgebung ab. Kitschiger Protz und Prunk überall, Tigermuster auf der Couch, goldene Gegenstände und Poster mit nackten Frauen an den Wänden. Der ›König‹ trug eine Sonnenbrille mit gelb getönten Gläsern, dicke Goldketten um den Hals, eine fette Rolex am Arm und mehrere Ringe an den Fingern. Einer davon ein Siegelring, den Micha schon einmal auf einem Foto gesehen hatte. Darauf war die Hand des ›König‹s zu sehen und ein anderer Zuhälter, der diesen Ring küsste.

Der ›König‹ stand noch immer vor dem Fenster und hielt die Hände auf dem Rücken verschränkt. »Ich kümmere mich darum«, sagte er mit ruhiger Stimme. Dann wandte er sich agil um, öffnete ein übergroßes Barfach und griff eine Flasche. »Dein Lieblingsfusel«, sagte er und stellte eine Flasche Rémy Martin auf den Tisch. »Setze dich.«

Joschi fläzte sich gegenüber dem ›König‹ auf einen Sessel mit Tigermuster. Der ›König‹ winkte den Bodyguard zu sich. »Uschi soll herkommen. Aber fix!« Dann befüllte er zwei Cognacgläser jeweils bis zur Hälfte mit dem teuren bronzefarbenen Edelfusel. Micha ignorierte er noch immer, was Micha im Grunde egal war. Joschi und der ›König‹ prosteten sich still zu, tranken das teure Zeug auf Ex, und der ›König‹ goss nach. Micha schüttelte es bei dem Anblick, er mochte keinen Alkohol und schon gar keinen Schnaps. Ein Klopfzeichen war von der Tür her zu hören. Der Bodyguard sah durch den Spion, wandte sich dann dem ›König‹ zu. »Es ist Uschi.«

»Lass sie rein.«

Er öffnete, eine schlanke Frau trat ein, legte den

Mantel ab und stellte sich vor den ›König‹. Der deutete mit einem Kopfnicken auf Joschi. Die Frau ging daraufhin zu Joschi und kniete sich vor ihn. Sie half ihm dabei, das Hemd auszuziehen, und beäugte die Wunde. »Ist nur ein Kratzer.« Sie desinfizierte großflächig und verpflasterte die Wunde. Dann erhob sie sich und verschwand wortlos.

Der ›König‹ goss zwei weitere Cognacs ein, den Joschi sich gern genehmigte.

KOK Michael Kappels beobachtete die Kumpanei seines Vorgesetzten mit einem Kriminellen mit skeptischem Blick.

Der ›König‹ nahm sein Glas vom Mund, hielt es mit abgespreiztem kleinen Finger vor sich und betrachtete es gedankenversunken. »Seitdem Türken-Ralle aufgetaucht ist, gerät alles aus den Fugen.«

Joschi wog mit bestätigender Geste den Kopf und nahm einen weiteren Schluck.

»Die alten Hierarchien werden eines Tages nicht mehr existieren, Joschi. Dieser Penner paktiert schon lange mit den Türken. Aber das wird ihn noch teuer zu stehen kommen.«

»Wie meinst du das?«. Joschi richtete sich auf.

»Keine Bange, alter Knabe. Wenn ich vorhätte, Türken-Ralle abzumurksen, wäre er schon hin. Und du wärst der Letzte, dem ich das ankündigen würde.«

Joschi lehnte sich wieder zurück. »Besser isses.«

»Willst du mir erzählen, dass es dir gefällt, dass dieses Arschloch wie ein Berserker über die Reeperbahn zieht und versucht, alles an sich zu reißen? Es ist doch wohl klar, dass das nicht ohne Konsequenzen bleibt.«

»Was weiß ich. Von mir aus schlagt euch doch gegenseitig die Köpfe ein, dann habe ich weniger Arbeit.« Joschi leerte sein Glas und beugte sich nach der Flasche vor.

Der ›König‹ hielt ihm sein Glas ebenfalls hin. »Schön wär's. Aber so einfach wird es nicht enden, das weißt du genau.«

Joschi winkte ab, der ›König‹ sinnierte weiter.

»Dafür, dass dein Schreibtisch überquillt, kannst du dich bei Türken-Ralle bedanken, Joschi. Ich wette, du hast noch nie so viele Fälle auf dem Tisch gehabt, wie jetzt, stimmts?«

»Kann sein«, knurrte Joschi, der offensichtlich ungern zugeben wollte, dass der ›König‹ recht hatte. »Die guten alten Zeiten gehen wohl zu Ende, wie es aussieht.«

»Auf die alten Zeiten«, prostete der ›König‹. Joschi erwiderte die Geste.

»Hier im Kiez war immer die Kacke am Dampfen. Dafür ist es halt die Reeperbahn. Aber es gab auch immer eine Ordnung, der alle folgten. Sogar du, Bulle.« Der ›König‹ lachte dreckig.

Joschi zögerte. »Stimmt«, sagte er dann. Sein

Gesichtsausdruck wirkte bedrückt. »Irgendwie haben wir beide das immer hinbekommen. Egal, was auch passierte, wir haben die Dinge wieder ins Lot gebracht. Es gab eine Ordnung, an die sich alle hielten.« Joschi stellte sein leeres Glas hart auf den Tisch. »Vor allem, gab es nicht diese vielen Drogen. Seitdem das Zeug aufgetaucht ist, sorgt es für unüberschaubare Probleme auf beiden Seiten. Es geht neuerdings sogar so weit, dass auf uns Bullen geballert wird.« Er sah den ›König‹ fest an.

Auch das Gesicht des ›König‹s verfinsterte sich. »Wenn ich auf jemanden ballere, dann auf jeden Türken, der seinen Arsch in mein Revier schiebt. Ich habe dir gesagt, dass ich mit der Ballerei auf dich nichts zu tun habe. Glaube es oder glaube es nicht. Aber vor dir auf die Knie fallen werde ich nicht, Bulle.« Der ›König‹ erhob sich, sein Bodyguard fasste unauffällig ins Innere seiner Jacke, auch Micha tastete nach seiner Dienstwaffe. »Besser, du und dein Milchgesicht verzieht euch.«

Für einen Augenblick hätte man eine Stecknadel fallen hören können. Dann trank Joschi sein Glas aus, stellte es behutsam auf den Tisch und erhob sich gemächlich. Er deutete Micha mit einem Kopfnicken an, zu gehen. Micha ging voran, Joschi folgte, der Bodyguard schloss die Tür hinter beiden. Im Treppenhaus eiferte Micha: »Was war denn das ...«

Abrupt blieb Joschi stehen und hielt seinen

Zeigefinger vor den Mund. Micha schwieg augenblicklich. Im Dienstwagen hakte Micha nach. »Also, was sollte diese Vorstellung? Davon abgesehen, dass du in den letzten Jahren scheinbar gegen tausend Paragrafen verstoßen hast, steigst du besoffen in den Dienstwagen. Ich frage mich, wann du deine Berufsehre an der Garderobe abgegeben hast.«

Joschi machte eine lässige Handbewegung. »Fahr schon los, Mutti.«

Sie schwiegen die kurze Fahrt über. Micha stellte den Dienstwagen ab und preschte voraus ins Polizeigebäude. Im Büro der beiden drehte Micha lautstark eine neue Seite Papier in die Schreibmaschine. Joschi grinste nur. »Was hast du vor?«, fragte er über zwei Schreibtische hinweg.

»Ein Protokoll schreiben, was sonst. Oder existiert so etwas in deiner Dienstauffassung auch nicht mehr?« Er begann, zu tippen.

Joschi erhob sich, ging um die Tische herum und stellte sich neben Micha. Micha tippte weiter. Dann griff Joschi das obere Ende des Blattes, das über die Walze ragte, und riss es aus der Schreibmaschine.

»Was soll das?«, echauffierte sich Micha. Joschi knüllte das Blatt zusammen und warf es in den

Papierkorb. Micha erhob sich wütend und griff Joschis Unterarm. »Ich lasse mich von dir ...«

»Irgendwelche Vorkommnisse, meine Herren?« Die Stimme des Kriminalrates donnerte in den Raum, Micha wandte sich erschrocken um. »Herr Dr. Lücke ...«, stotterte er.

»Ich kenne meinen Namen, junger Mann.« Dr. Lückes Blick tastete den Raum ab.

Ungefragt meldete Micha. »Sie können sich nicht vorstellen, was heute vorgefallen ist. Zuerst wurde auf uns geschossen, dann sind wir zu einem ›König‹ gefahren und nun will ich einen Bericht anfertigen und ...«

Dr. Lücke ignorierte Micha, ging an ihm vorbei, direkt auf Joschi zu. »Wie geht es Harry, dem alten Gauner?«

Joschi nahm Dr. Lückes Hand. »Wenn du mich fragst, geht ihm der Arsch auf Grundeis. Türken-Ralle hat ihn auf dem Kieker. Es riecht nach Krieg.«

»Scheiße«, raunte Dr. Lücke. »Irgendwann musste es ja so weit kommen. Ich hatte gehofft, dass ich dann schon pensioniert bin.«

Joschi lachte. »Tja. Wie es aussieht, bleibt es dir wohl nicht erspart. Aber wir kriegen das schon irgendwie hin. Haben wir ja immer geschafft.«

Dr. Lücke klopfte Joschi auf die Schulter und verließ das Büro der beiden Kommissare wieder, ohne Micha eines Blickes zu würdigen. Joschi setzte sich erneut auf seinen Stuhl, stellte die Füße in eine

Schreibtischschublade, verschränkte die Finger hinter dem Kopf und sah aus dem Fenster. Micha setzte sich deprimiert.

Ein sich anbahnender Drogenkrieg im Revier und zwei zuständige Kommissare, die zerstritten sind. Das war kein guter Anfang.

KAPITEL SIEBEN

Ich lag onanierend auf der Couch in meiner Mansardenwohnung und starrte dabei die Nacktbilder an der Wand an. Anschließend hämmerte es in meinem Kopf, sodass ich die Augen schloss und wartete. Seit dem Unfall überkamen mich ständig diese grausamen Kopfschmerzen. Die Unfallbilder drängten sich immer wieder in mein Gedächtnis – das Quietschen der Reifen, das Aufschlagen meines Körpers auf dem Boden und der Geschmack von Eisen, bevor ich das Bewusstsein verloren hatte. Ich konnte immer noch nicht glauben, dass ich den Zusammenstoß überlebt hatte. Meine Gedanken wanderten zurück zu dem Tag, an dem alles sich veränderte.

Es war ein sonniger Tag gewesen, als ich von der Werft nach Hause ging. Die ausgelassene Stimmung auf der Straße hatte mich in gute Laune versetzt. Ich hatte mich bei der Arbeit abgerackert, Tag und Nacht geschuftet und inzwischen ein stattliches Sümmchen angehäuft. Zwar hatte ich immer wieder mit den Gängeleien meiner Kollegen zu kämpfen, die mich wegen meines Aussehens hänselten – ich galt als hässlichster Geselle mit meiner verbogenen Nase und dem schielenden Blick. Doch das war mir egal. Ich hatte meinen gut bezahlten Arbeitsplatz und freute mich auf meine tägliche Auszeit im ›Goldenen Handschuh‹. Die Kneipe war mein zweites Zuhause geworden. Hier kannten mich alle und ich gehörte irgendwie dazu. Die Ablehnung von Frauen gehörte für mich zur Tagesordnung, doch hier trafen sich all die Menschen, die ebenso wie ich, ihr Leben in gewohnten Bahnen abseits der Gesellschaft lebten. Das gab mir ein Gefühl von Sicherheit – eine Obhut, die ich sonst nirgendwo fand. Doch dieser Unfall hatte alles verändert. Lange Zeit hatte ich im Krankenhaus gelegen und um mein Leben gekämpft. Die Ärzte und Schwestern hatten ihr Bestes gegeben, um mich wieder auf die Beine zu bringen. Aber als ich schließlich entlassen wurde und zum ersten Mal in den Spiegel blickte, wurde mir klar, dass ich noch hässlicher geworden war. Meine Nase war weiter verbogen, das Schielen hatte zugenommen und mein gesamtes Gesicht war nun unförmig. Ich konnte die Blicke der anderen förmlich spüren, ihre abwertenden Kommentare in meinem Kopf hören.

Die Werft hatte mich aufgrund meiner körperlichen Einschränkungen entlassen. Die Jobsuche gestaltete sich schwierig, doch schließlich fand ich eine neue Arbeit als Wachmann. Die Uniform und die Gaspistole, die ich nun trug, machten mich ein wenig stolz. Ich trug beides auch, wenn ich in den ›Goldenen Handschuh‹ ging. Es war ein kleiner Trost in einem Leben voller Hindernisse und Ablehnung.

Und so kehrte mein alter Rhythmus wieder ein. Tagsüber schlief ich, um für die nächtliche Arbeit fit zu sein. Danach ging ich wie gewohnt in den ›Goldenen Handschuh‹, wo der Alkohol spendabel floss und die Gelage mit abgewrackten Frauen ihren Höhepunkt fanden. In meiner engen Mansardenwohnung ging es danach regelmäßig hoch her. Mit denen, die sich bezahlen ließen, wurde laut gestritten, gegrölt und gesoffen, bis wir alle zum Umfallen müde waren.

Doch dieser Lebensstil hatte seine Konsequenzen. Eines Tages beschwerte sich eine Nachbarin über den Lärm und drohte damit, zur Polizei zu gehen. Ich warf die Wohnungstür zu, fläzte mich beleidigt auf meinen Sessel und warf einen Blick auf die Frauen, die sich im Raum verteilt hatten. Einige waren schon länger bei mir geblieben und hatten vorübergehend bei mir gewohnt. Doch jetzt fiel mir auf, dass einige verschwunden waren. Ich fragte mich, ob sie wegen des Lärms gegangen waren oder ob sie einfach genug von meinem hässlichen Anblick hatten. Die Drohung der Nachbarin machte mir klar, dass ich etwas ändern musste, bevor ich wieder alles verlor. Etwas musste geschehen.

Da kam mir ein rettender Einfall. Ich erhob mich in die sitzende Position, stellte die Füße auf den Teppich und schlug mit einer Faust in meine Hand. Zu viele Frauen auf einmal waren zu auffällig. Damit war Schluss. Mein Blick wanderte zu dem Nacktbild, das Marga so sehr ähnelte. Eine nach der anderen!

KAPITEL ACHT

Micha hätte sich in den Allerwertesten beißen mögen. Joschi redete kein Wort mit ihm und behandelte ihn, wie Luft. Wie konnte der junge Kommissar sich nur dazu hinreißen lassen, sich beim Kriminalrat über seinen direkten Vorgesetzten Joschi zu beschweren. So etwas war an Blödheit nicht zu überbieten, das wusste jeder. Es war schließlich das Einmaleins in der Berufswelt und er hatte es missachtet. Zudem plagte ihn nun auch noch ein schlechtes Gewissen. Joschi hatte ihn vor einem halben Jahr offen aufgenommen. Obwohl er bis über beide Ohren zu tun hatte, nahm er sich immer die Zeit, Micha dies und das zu erklären, und sparte dabei nicht mit wertvollen Tipps. Joschi musste sich hintergangen fühlen. Micha fühlte sich plötzlich, als hätte er seinen besten Freund verraten. Er hoffte, dass Joschi sich wieder beruhigen würde. Am zweiten Tag danach wurde ihm klar, dass sich nichts von allein wieder einrenken würde. Er fasste allen Mut zusammen, erhob sich, stellte sich vor Joschi und streckte ihm seine Hand entgegen. »Es tut mir leid, Joschi.«

Joschi sah ihn an, zögerte, dann erwiderte er den Händedruck. »Schon gut«, sagte er knapp. Das war nicht die Reaktion, die sich Micha erhofft hatte, und fragte sich, ob er es gerade nur noch schlimmer gemacht hatte. Er gab sich einen erneuten Ruck, um ein Gespräch darüber zu beginnen, doch er wurde durch das Klopfen an der Bürotür davon abgehalten. Ein älterer Kollege steckte den Kopf herein. Joschi wandte sich um, »Mensch, Walle, altes Haus, komm rein.« Der Kollege trat ein. Er und Joschi umarmten sich und klopften sich auf die Schultern. »Lange nicht gesehen, wie geht es dir so?«

Der ältere Kollege wog nur vielsagend den Kopf. »Wir haben bis über beide Ohren zu tun. Du kannst dir nicht vorstellen, was in der Wachstube los ist.«

»Verstehe«, antwortete Joschi und bot Walle mit einer einladenden Handbewegung einen freien Stuhl an. »Magst du einen Kaffee?«

»Gern.« Ohne dass Joschi etwas sagen musste, trabte Micha los, um einen Kaffee für Walle zu holen.

»Danke ...«, sagte Walle, als Micha ihm den Pott reichte.

»Das ist Micha. Micha, das ist Walle, ein Kollege von der Wachstube«, stellte Joschi die beiden einander vor.

»Hallo«, sagte Micha brav knapp und hielt sich ab dann zurück.

Walle nippte an der Tasse. »Es wird immer schlimmer«, klagte er gedankenversunken und nippte abermals. »Anzeigen über Anzeigen, was ist nur los? Und dann ist auch noch so viel Unfug darunter, mit dem du dich auseinandersetzen musst. Aber wir bekommen einfach kein zusätzliches Personal. Wenn das so weitergeht, fallen mir bald auch noch die letzten Leute aus.« Walle stellte den Pott auf Joschis Schreibtisch und sah sich um. »Aber wem sage ich das? Bei euch stapeln sich die Akten ja auch.«

»Och, wir kommen schon zurecht.« Micha sah Joschi verdutzt an, Joschi fuhr fort. »Ich glaube, ich habe eine rettende Idee: Micha, du schreibst doch so gern Protokolle. Du wirst Walle unter die Arme greifen. Ohnehin solltest du ja noch einen praktischen Durchlauf bei der Schutzpolizei absolvieren. Das wäre eine gute Gelegenheit und es nutzt den Kollegen auch noch.«

Walle machte große Augen. »Wirklich? Das wäre ja fantastisch. Aber fehlt der Kollege dann nicht in deiner Abteilung?«

Joschi verzog eine Miene, als müsste er etwas schmerzlich entbehren. »Schon. Aber du kennst mich ja, wenn ich helfen kann.«

»Du hast was bei mir gut, Joschi. Wann kann Micha denn zu mir kommen?«

»Na, am besten sofort. Du wirst sehen, er ist ein Meister im Protokolle schreiben. Er wird im Handumdrehen deine Rückstände aufarbeiten.« Joschi wandte sich Micha zu. »Mach mir keinen Ärger.« Er lächelte Micha überfreundlich an.

Micha kramte sein Zeug zusammen. Er war stinksauer darüber, dass er sozusagen bestraft wurde. Aber er wusste, dass er dieser Anordnung folgen musste.

Die Wachstube war voller Menschen, die lautstark ihr Leid klagten und ihre Anzeigen loswerden wollten. Schrilles Stimmengewirr peitschte durch den riesigen Raum, Schreibmaschinen tackerten und immer wieder übertönten wütende Aussprüche oder das Scharren von Stühlen alles andere. Ein langer Stehtresen trennte das Publikum von den Polizisten, davor drängelten sich Menschentrauben, dahinter wenige Polizeibeamte. Walle hatte Micha seinen Arbeitsplatz hinter dem Tresen so gut erklärt, wie es in der kurzen Zeit möglich war. Sofort drängte eine ältere Dame sich zu ihm. »Sie müssen dagegen etwas unternehmen!«, schimpfte sie übergangslos. Micha fühlte sich hilflos, schaute kurz um sich, aber keiner der Kollegen hatte Zeit, ihm zu helfen. Alle waren intensiv in Gesprächen mit Bürgern.

»Hören Sie mir zu?«, fragte die alte Dame schnippisch.

»Aber ja.« Micha zog einen Aufnahmebogen hervor und nahm einen Kugelschreiber zur Hand. »Zuerst würde ich gern Ihre Personalien aufnehmen, Frau ...«

»Becker. Liselotte Becker, geboren am 18.04.1889, wohnhaft in der Zeißstraße Nr. 74 in Hamburg-Ottensen.«

»Danke, Frau Becker.« Micha beeilte sich, mitzuschreiben. »Worum geht es?«

»Mein Nachbar, dieser Herr Haack, der macht beinahe jeden Tag Radau.«

Innerlich schloss Micha die Augen, gab sich aber aufmerksam.

»Das geht jeden Tag bis in die Morgenstunden, kann ich Ihnen sagen. Ich bekomme kein Auge zu. Und reden kann man mit diesem Dösbaddel auch nicht. Der ist ja nur besoffen und bekloppt ist er sowieso.«

»Sie wollen eine Anzeige wegen Ruhestörung stellen?«

Frau Becker schob sich ihre Brille weiter auf die Nase, hob das Kinn und sah Micha mit ungläubiger Miene an. »Haben Sie getrunken, junger Mann? Was denken Sie, weswegen ich diesen Suffkopp noch anzeigen sollte.«

»Entschuldigung. Ich muss das fragen. Also Ruhestörung.« Micha machte das Kreuz an der richtigen Stelle. Er stellte weitere Fragen zur Häufigkeit, zu den Uhrzeiten und so weiter. Frau Becker überzog Micha mit noch einigen spitzfindigen Bemerkungen, beantwortete aber alles. Dieser Vorgang war beinahe abgeschlossen, bis Frau Becker eine interessante Aussage tätigte. »Es sind immer Prostituierte, die Haack mit in seine Wohnung nimmt. Viele kommen öfter. Einige verschwinden und sind nie wieder gesehen worden.«

Micha spürte seinen Puls. Waren das nur dahergeplapperte Worte einer älteren Dame, die sich wichtigtun wollte? Sein Spürsinn meldete sich. »Wie kommen Sie darauf, dass einige der Damen nie wieder gesehen worden sind, Frau Becker?«

»Ich kenne die Mädels. Alle. Ich helfe seit vielen Jahren bei der Hamburger Stadtmission. Daher kenne ich sie. Die verschwinden nicht einfach so. Wie auch, die haben ja niemanden, zu dem sie gehen könnten. Die verschwinden nur, wenn sie auf den Friedhof wandern.«

Michas Gehirn ratterte. »Können Sie mir die Namen der Verschwundenen sagen?«

»Irene Börder und Marta Gross«, brachte Frau Becker wie aus der Pistole geschossen hervor. Micha notierte die Namen. Menschen, die von der

Stadtmission versorgt wurden, konnten ohne Weiteres einmal untertauchen. Das musste keine Besorgnis auslösen. Aber Frau Becker machte einen durchaus aufgeweckten Eindruck und sie hatte offensichtlich ihr Schäfchen im Blick.

»Micha?« Walle kam nahe an Micha heran und flüsterte. »Ich kenne Frau Becker. Die beschwert sich jede Woche über irgendjemanden. Die Schlange wird immer länger. Du musst zum Abschluss kommen.«

»Verstanden.« Walle zog sich wieder zurück an seinen Schalter. Micha beendete das Gespräch mit Frau Becker so höflich es ging.

Gegen siebzehn Uhr – Micha war fix und fertig – wurde er endlich abgelöst. Er kramte den Aufnahmebogen vom Vormittag hervor, die Anzeige wegen Ruhestörung und nahm sie mit in das Gebäude der Kripo. Er hoffte, dass Joschi noch bei der Arbeit war, denn er wollte ihm seinen Verdacht vortragen.

Joschi war nicht an seinem Platz, aber seine Schreibtischlampe brannte noch und seine abgewetzte Aktentasche stand an seinen Schreibtisch gelehnt. Micha setzte sich und sah den Aufnahmebogen der Anzeige von Frau Becker gegen diesen Karl-Heinz Haack an.

Joschi betrat das Büro, rieb seine Hände an den Oberschenkeln. »Die Papierhandtücher sind schon wieder alle«, fluchte er und nahm auf seinem Stuhl Platz, als wäre nichts geschehen.

»Ich habe heute etwas Merkwürdiges aufgenommen.« Micha stellte sich an Joschis Seite, den Aufnahmebogen in seiner Hand. Joschi ergriff ihn und warf einen Blick darauf. »Ruhestörung. Sensationell.« Er gab Micha den Bogen zurück und blickte wieder auf seinen Schreibtisch.

»Die Frau kennt eine Menge der Prostituierten seit Jahren persönlich. Zwei der Frauen sind verschwunden und wurden kurz zuvor in der Wohnung von diesem Karl-Heinz Haack gesehen.«

Joschi hob langsam den Kopf. Hatte Micha das Interesse seines Chefs wecken können? Er wartete ab, obwohl ihm ein Dutzend Vorschläge auf der Zunge lagen. Joschi grapschte den Bogen nochmals und überflog ihn. »Hm. Das kann alles und nichts bedeuten. Wenn wir nichts zu tun hätten, würde ich sagen, dass wir der Sache nachgehen. Aber leider ist eine Leiche dazugekommen, während du dich auf der Wache ausgeruht hast.«

Micha ignorierte das zähneknirschend. »Wenn ich mehr über eine Person in Erfahrung bringen will, wo finde ich die Informationen?«

»Du meinst das Strafregister von Personen?«

»Ja.«

»Na im Keller, das weißt du doch.«

»Ich weiß, wo es sich befindet. Aber kann ich dort zum Beispiel erfahren, was dieser Karl-Heinz Haack auf dem Kerbholz hat?«

»Klar. Dafür ist es doch da. Aber heute hat Bodo

Feierabend. Du kannst morgen zu ihm gehen, ihn von mir grüßen und herauskramen, was du brauchst. Aber ich will, dass du dich hauptsächlich um dieses Loch im Kopf hier kümmerst.« Joschi klatschte eine Akte mit blassrotem Deckel vor Micha auf den Tisch. Auf dem Deckel stand mit dickem Filzstift ein Name geschrieben: Ali Yilmaz.

KAPITEL NEUN

Nachdem Frau Becker sich über meine ständigen Besucherinnen beschwert hatte, beschloss ich, vorsichtiger vorzugehen. Es war vielleicht wirklich besser, nur noch einzelne Frauen mit nach Hause zu nehmen. Das brachte zwar nicht so viel Spaß, aber es hatte zumindest den Vorteil, dass ich weitere Beschwerden der Nachbarn vermeiden konnte. In der nächsten Zeit verbrachte ich meine Freizeit fast ausschließlich im ›Goldenen Handschuh‹. Nach der Arbeit ging ich voller Stolz in meiner neuen Uniform als Wachmann dort hin und zückte bei Bedarf sogar meine frisch erhaltene Gaspistole. Es war eine Art symbolische Handlung – mit der Uniform und der Gaswaffe wollte ich zeigen, dass ich jetzt ein anderer Mann war. Dass ich jetzt eine wichtige

Aufgabe hatte und ich mich um die Sicherheit anderer Menschen kümmerte.

Im ›Goldenen Handschuh‹ war immer Betrieb, Tag und Nacht. So stand mir mein ›Wohnzimmer‹ zur Verfügung, ganz gleich, ob ich Tages- oder Nachtschicht hatte. Die Frauen, die dort anschafften, kamen und gingen in einem stetigen Rhythmus. Der Lärm und die ständige Betriebsamkeit waren mir mittlerweile vertraute Geräusche geworden. Ich fühlte mich dort zu Hause, auch wenn ich inzwischen abstinent war – eine Voraussetzung für meinen neuen Job. Mich drängten mein Trieb und die permanente Suche nach einer Frau in diese Stätte.

An einem Abend traf ich eine Frau namens Gertrud Bräuer. Ich saß an meinem Stammplatz, an der Bar. Jonny, der Wirt des ›Goldenen Handschuhs‹, trug wie immer eine grimmige Miene zur Schau, während er hinter dem Tresen Biergläser spülte. Mit Jonny war nicht gut Kirschen essen, das wusste jeder. Jonnys Zuneigung richtete sich daran aus, wie viel und wie pünktlich ein Gast bezahlte. Ich bezahlte immer sofort und gab Trinkgeld. Das mochte Jonny. Ich will nicht behaupten, dass ich Jonnys Liebling war, weil es niemanden auf der Welt gab, dessen Liebling ich hätte sein können, mit meiner schmächtigen Statur und meinem hässlichen

Aussehen. Außer vielleicht meinen Vater. Aber das war nur in meinem Wunschdenken so und außerdem war er längst tot. Die Realität sah so aus, dass ich das begehrteste Opfer für Hänseleien oder Aggressionen war. Wenn es zu bunt wurde damit, nahm Jonny mich schon mal in Schutz. Ansonsten hatte ich ein unendlich dickes Fell und machte immer gute Miene zum bösen Spiel. Etwas anderes blieb mir ja nicht übrig. Geld war meine einzige Waffe. Ich beugte mich vor zu Jonny. »Bringst du den Damen am Tisch neben dem Eingang 'ne Runde, Jonny?«, rief ich ihm zu. Jonny nickte und trug kurz darauf ein rundes Serviertablett mit drei Korn und drei Pils an den besagten Tisch, an dem die Frauen saßen. Eine von ihnen hatte ich im Visier. Sie war die älteste der drei Nutten, war viel älter als ich, fett und ungepflegt. Ich war sicher, dass sie dringend brauchte, was ich bieten konnte: Suff und einen Schlafplatz. Sie würde mit mir mitgehen, sobald sie genug getrunken hatte. Die beiden anderen waren jünger und nicht so ungepflegt. Sie gehörten zu denen, die mich abweisen und verspotten würden, ich hatte genügend Erfahrungen, was das anbetraf.

Jonny stellte Schnäpse und Biere auf den Tisch und deutete zu mir. Die Frauen sahen herüber, ich prostete ihnen mit meiner Fanta zu. Eine der Jüngeren mimte, als müsse sie sich übergeben und lachte, die zweite Jüngere nickte zurückhaltend.

Die Ältere lächelte mir zahnlos zu und kippte gierig den Schnaps herunter. Sie hatte angebissen. Na ja, so viel man ohne Zähne beißen kann – ha, ha. Ich machte oft Witze, aber niemand lachte darüber.

Mit meinem Glas begab ich mich an den Tisch. »Darf ich mich zu den Damen setzen?«, fragte ich und nahm im selben Augenblick Platz.

»Ich muss los«, sagte die Jüngere, die gemimt hatte, als müsse sie würgen. Sie erhob sich und verschwand, ohne Gruß.

»Ich bin Kalle«, sagte ich, schob der Alten den Schnaps der Eingebildeten hin und trank von meiner Fanta. Sie griff gierig zu und kippte den klaren Schnaps wie Wasser runter.

»Ich heiße Gertrud. Du kannst Gerti sagen.«

»Ich heiße Karl-Heinz. Du kannst Kalle sagen.« Ich lachte. Gerti nicht. Sie trank von einem der beiden Biergläser, während ich ihr mit meiner Fanta zuprostete. Auch die zweite jüngere Nutte erhob sich wortlos und verschwand, nachdem sie ihren Schnaps und ihr Bier ausgetrunken hatte. Gerti und ich saßen allein am Tisch. Ich winkte Jonny zu und deutete auf Gertis Glas. Jonny kam mit der Flasche. »Die Dame ist mein Gast«, sagte ich. Jonny wusste somit, dass er unaufgefordert nachschenkte, sobald Gerti ausgetrunken hatte.

Es dauerte nicht lange, bis Gerti völlig besoffen war. Der Zeitpunkt war gekommen. »Du kannst heute bei mir schlafen, wenn du willst.«

Gerti wankte im Sitzen, als sie mich mit losem Blick ansah.

»Keine Bange, ich muss heute Abend in die Nachtschicht, du wirst allein in der Wohnung sein.«

»Danke«, gluckste sie.

»Du gehst jetzt zur Bushaltestelle an der Ecke und wartest auf mich. Ich bezahle noch und komme dort hin. Dann fahren wir zu mir, du schläfst dich aus und ich gehe zur Arbeit.«

Ein ehrliches und dankbares Lächeln huschte über ihr aufgedunsenes Gesicht. »Du bist ein guter Junge.« Sie wollte mein Gesicht berühren. Ich ließ sie, tastete währenddessen unauffällig unterm Tisch nach ihrem Bein. Ihre Berührung meines Gesichts und meine Finger an ihrem fleischigen Schenkel ließen meinen Schwanz anschwellen. »Los jetzt!«, befahl ich. Gerti erhob sich und wankte aus dem ›Goldenen Handschuh‹. Ich wartete einen Augenblick, trank meine Fanta aus und stellte mich an den Tresen, um zu bezahlen. »Bis morgen, Jonny«, verabschiedete ich mich und folgte Gerti.

Als wir bei mir ankamen, war Gerti voll wie eine Haubitze und ich geil wie ein Puma. Treppauf achtete ich darauf, dass wir nicht zu viel Lärm verursachten, damit sich die alte Becker nicht wieder aufregte. Ich schob Gerti in meine Wohnung, schloss die Tür und verfrachtete sie auf die Couch. Sie schien augenblicklich eingeschlafen zu sein. Sie hing schief da, den Kopf im Nacken, den Mund offen und schnarchte. Ich schob den Couchtisch beiseite, griff um ihren linken Schenkel und zerrte das dicke Ding auf die Couch. Nun waren ihre Beine breit und ich konnte ihren Schritt sehen. Sie trug einen Strumpfgürtel, hautfarbene Strümpfe und ehemals weiße Baumwollschlüpfer. Mein Ding stand, ich öffnete meine Hose und rieb es. Um keine Zeit damit zu verlieren, ihre Schlüpfer auszuziehen, legte ich mich auf sie und presste meinen Schwanz in sie hinein. Es würde nur Sekunden dauern, so geil war ich. Doch bevor ich dazu kam, schlug Gerti mir so heftig ins Gesicht, dass ich zu Boden stürzte.

»Was fällt dir ein, du Drecksau?«, brüllte sie. Ich erhob mich schnell. Da stand ich mit meiner Latte und mit schmerzender Gesichtshälfte. Auch die dicke Gerti versuchte, sich taumelnd aufzurichten, vollführte dabei ungeschickte Zappelbewegungen und purzelte mehrmals auf die Couch zurück. »Du Drecksau«, schrie sie immer wieder. Sie würde jeden Augenblick stehen und dann würde sie noch lauter schreien und wer weiß was mit mir anstellen. Ich sah panisch zur Wohnungstür. Die Becker würde die Bullen rufen, das hatte sie angedroht.

»Halt die Fresse, du Schlampe«, raunte ich, stürzte mich auf Gerti und wollte ihren Mund zuhalten. Es ging hin und her, bis ich die Kontrolle verlor. Ich schlug Gerti mehrmals mit der Faust ins Gesicht, sodass ihr Geschrei unter meinen Schlägen erstarb und zu tiefem Schmerzstöhnen und Wimmern mutierte. Das Blut spritzte überall hin und ich spürte eine seltsame Befriedigung in mir. Immer wieder blitzten dabei Bilder von Marga vor mir auf. Marga, die Schlampe, die mich ausgenutzt und betrogen hatte. Wie alle Menschen. Wie auch diese fette stinkende Schlampe vor mir. Weiterhin schlug ich auf sie ein. »Du undankbare Sau. Wo wärst du jetzt ohne mich?« Weitere Schläge in ihre Fresse. Mein Verstand war in diesem Moment ausgeschaltet, ich handelte nur aus purer Gewalttätigkeit.

Irgendwann gab Gerti keinen Laut mehr von sich, und ich kriegte mit, dass sie tot war. Zwischen ihren Beinen kniend starrte ich auf sie hinab. Ihr Blick war starr an die Decke gerichtet und ihr Mund stand offen. Ihr Gesicht war geschwollen von meinen Schlägen. Aus etlichen aufgeplatzten Hautstellen quoll Blut. Der Schock traf mich wie ein Schlag, aber ich hatte keine Zeit, darüber nachzudenken. Das Erste, was mir in den Sinn kam, war, dass ich sie loswerden musste. Ich umfasste ihren Oberkörper und versuchte, mit aller Kraft, sie hochzuheben. Sie war furchtbar schwer. Mein von Panik benebeltes Hirn suchte krampfhaft eine Lösung. Ich sprang auf, eilte zum Fenster, riss eine der Gardinen herunter und breitete diese auf dem Fußboden aus. Dann ergriff ich Gertis Beine, klemmte mir ihre Füße unter die Achseln und schleifte sie unter größter Kraftanstrengung hin zu der Gardine. Ich rollte ihren Körper seitlich auf das ausgebreitete Tuch. Überzeugt, dass ich sie auf diese Weise leichter transportieren könnte, öffnete ich die Wohnungstür und lauschte. Dann nahm ich das Ende der Gardine und zog damit die dicke Gerti in den Hausflur. Die ersten Stufen hinunter verursachte mein Unterfangen mehrfach ein ständiges Dröhnen, wenn Gertis Kopf auf die Stufen aufschlug. Ich verharrte lauschend. Das würde auf diese Weise unmöglich vom Obergeschoss bis zur Straße funktionieren. Die nächste Frage kam mir wie ein Blitz in den Sinn: Wie sollte es dann weitergehen, wenn ich mit Gerti in der Gardine auf der Straße stand?

Bevor die neugierige Nachbarin mich erwischen würde, eilte ich die Stufen zurück und zerrte Gerti wieder in die Wohnung. Völlig außer Atem ließ ich mich neben Gerti auf den Boden sinken und wartete darauf, dass mein Puls zur Ruhe kam und ich wieder normal atmen konnte. Auf dem Rücken liegend strömte mir der Schweiß aus allen Poren. Schlimmer noch war aber die Hoffnungslosigkeit, in der ich mich befand. Was sollte ich tun?

Ich drehte mich auf die Seite. Gerti und ich starrten uns nun an. Ihr linker Arm hing verdreht wie ein Fremdkörper an ihr herunter, sodass es aussah, als gehörte er nicht zu ihr. Eine plötzliche Idee durchfuhr mich: Ich würde Gerti in handliche

Portionen zerteilen. Elektrisiert sprang ich auf. Ich hatte eine Säge, irgendwo. Wie von Sinnen suchte ich. Da war sie! Mit der alten rostigen Säge in der Hand stand ich vor Gerti und schaute auf sie hinab. Ich hatte keinerlei Erfahrung im Zerstückeln von Körpern und setzte meine Säge mehrmals an verschiedenen Stellen an. Doch jedes Mal blieben die Zacken in Gertis Fleisch hängen und die Säge fiel mir beinahe aus der Hand. Fluchend warf ich das Werkzeug zu Boden, erhob mich und trat wütend in die Seite der Toten. »Verdammte Scheiße!«, fluchte ich immer wieder. Die Haare raufend ging ich auf und ab. Die Säge hatte nur dann einen Sinn, wenn es um Zerteilen von Knochen ging. Die Haut und das Fleisch von Gerti musste ich zuvor mit einem anderen Werkzeug zerteilen. Es war mit einem Mal völlig klar, wie ich das anstellen musste. Ich eilte in die Küche, öffnete die Schublade und nahm ein großes Messer heraus. Vorsichtshalber zog ich es mehrmals über den Schleifstein. Dann kniete ich mich wieder neben Gerti, setzte das Messer kurz unter ihrer Schulter an und säbelte einen langen Schnitt um den ganzen Arm herum. Eine ziemliche Sauerei entstand dabei. Voller Hoffnung und mit neuem Mut nahm ich jedoch wahr, dass die Haut und das Fleisch sich weit von der Schnittwunde zurückzogen und ein blassweißer Knochen unter Glibber und Blut zum Vorschein kam. Voller Freude setzte ich meine Säge nun erneut an. Endlich konnte sie den Knochen mit ihren Zähnen erfassen und mit knirschendem Geräusch durchtrennen.

Die nächsten Stunden verbrachte ich damit, Gertis Körper zu zerstückeln. Es war eine grauenvolle Arbeit, bei der ich immer wieder an meine Grenzen stieß. Aber ich wusste, dass es notwendig war, um meine Tat zu vertuschen.

Als Gerti schließlich in vielen Einzelteilen verteilt am Boden lag, war ich erschöpft und zitterte am ganzen Körper. Ich konnte es kaum fassen, was ich getan hatte. Ich hatte einen Menschen in seiner Einzelteile zerlegt.

Nun galt es, die einzelnen Teile zu entsorgen. Ich holte einen Reisekoffer vom Schrank aus dem Schlafzimmer und wuchtete Gertis Oberkörper hinein. Sie war jedoch auch in diesem Zustand zu groß. Wenn ich mich auf den Kofferdeckel setzen würde, bekäme ich ihre Seiten gewiss hinein gequetscht. Der Kopf jedoch war zu viel. Abermals stieg meine Wut. Ich hob den Koffer am Griff in die Höhe und ließ Gertis Rumpf herauskullern. Da ich nun schon einige Übung hatte, war der Schnitt mit dem Messer um die Kehle herum schnell erledigt. Die Säge kam zwischen den Halswirbeln erstaunlich schnell voran, sodass Gertis Kopf nach kurzer Zeit durch das Zimmer kullerte. Ich ließ ihn, wo er war. Stattdessen hievte ich Gertis Rumpf in den Koffer hinein und klappte den Deckel kraftvoll zu. Ich setzte mich darauf, ließ die Schlösser unter dem Druck meiner Daumen einrasten und stellte den Koffer dann aufrecht. Mit einer Hand packte ich den Griff und trug ihn zur Wohnungstür. Oje. Noch immer war das Gewicht so hoch, dass ich Mühe hatte, den Koffer zu bewegen. Aber nun gab es beim besten Willen keinen anderen Weg mehr.

Es gelang mir, das Gepäckstück aus dem Haus zu schaffen, ohne dass es jemand bemerkte. Mittlerweile war es spät am Abend und die aufkommende Dunkelheit gab mir Deckung. Es war ein erneuter Kraftakt. Immer wieder musste ich das massige Behältnis absetzen, um mich auszuruhen. Bald war ich da, wo ich hin wollte. Das Gelände eines verlassenen Fabrikgebäudes war zu meiner Rechten. So schnell es ging, tippelte ich mit dem schweren Ding in die Dunkelheit dieses von Unrat übersäten Ortes. Ich sah mich um, niemand war in der Nähe. Ich schleppte Gertis Rumpf um eine Anhäufung von alten Möbeln Autoreifen, und zerrissenen Tüten herum und kippte ihn dort aus. Schnell schloss ich meinen Koffer wieder, trat an die Einfahrt des Grundstückes und spähte in alle Richtungen.

Auf dem Weg zurück zu meiner Wohnung schaute ich mehrmals hinter mich, blieb drei Mal stehen und lief zwei Umwege. Es kam mir vor, wie eine Ewigkeit. Völlig außer Atem und ausgezehrt, stand ich schließlich in meinem Wohnzimmer und betrachtete die noch immer daliegenden Fleischberge, bestehend aus dicken Armen, Beinen und dem Kopf. Um nichts in der Welt würde ich diese Prozedur noch einmal überstehen. Ich ging an meinen Wohnzimmerschrank, öffnete die Vitrinentür und nahm eine der Schnapsflaschen heraus. Vier Wochen ohne mein geliebtes Getränk, Fanta/Korn lagen hinter mir. Durst und Verzweiflung riefen mir zu, endlich wieder normal zu werden. Ich packte die Kornflasche, drehte den Verschluss knackend gegen den Uhrzeigersinn und setzte die Pulle an die Lippen. Die Wärme, die meine Kehle hinunterrann, war mir wohlbekannt. Ich wandte mich um, ging zu meiner Couch und ließ mich darauf nieder. Den Blick auf Gertis Überreste gerichtet setzte ich die Flasche so oft an, bis ich sie geleert hatte. Dann schlief ich ein.

Als ich wieder aufwachte, war es beinahe zweiundzwanzig Uhr. Mein Nachtdienst als Sicherheitsmann im Shell-Gebäude begann in wenigen Minuten.

Ich kam zu spät. Zum Glück jedoch sah der Dienstleiter darüber hinweg. In Eile machte er sich auf den Heimweg und ich war allein mit mir in diesem gigantischen Gebäude. Wie zu jeder Nachtschicht begann ich meinen Dienst mit einer ausgiebigen Runde. Danach war es an der Zeit für ein Schläfchen, bis ich um Mitternacht die nächste Runde gehen musste. So kam ich in meinen Nachtdiensten gut über die Runden. An diesem Tag ging ich nicht wie sonst nach Feierabend in den ›Goldenen Handschuh‹, sondern blieb zu Hause. Ich kam einfach zu keiner Lösung, was ich mit Gertis Armen und Beinen anfangen sollte. Solange die da lagen, konnte ich niemanden mit nach Hause bringen.

Mir schmeckte der Korn nicht. Ich saß mit wirren Gedanken auf der Couch, auf der gestern das ganze Unheil begonnen hatte, als die frigide Gerti mich abwies und zu Boden stieß. Hätte diese dumme Sau sich doch einfach nur ficken lassen. Dann wäre alles, wie es immer war. Ich hätte ihr sogar noch einen schönen Batzen Geld dafür gegeben. Aber nein – sie musste ja die Prinzessin spielen. »Arschloch!«, schrie ich. Noch immer lagen Gertis Extremitäten in der Mitte meines Wohnzimmers. Ich erhob mich, ging näher heran, und stieß mit einer Fußspitze gegen ihren Schenkel. Das Fleisch war inzwischen dunkel verfärbt und verströmte einen gewissen Geruch. Ich war somit zum Handeln gezwungen. Der Hohlraum unter der Dachschräge schien mir der richtige Ort zu sein, um Gertis Schenkel zwischenzulagern. Ich öffnete die halb hohe Holztür vor dem Hohlraum, nahm die Körperteile und warf sie in die kleine versteckte Kammer unter der Dachschräge. Dann schloss ich die hölzerne Tür wieder und nahm nachdenklich auf meiner Couch Platz.

Die folgenden Tage zogen wie in einem Nebel

an mir vorbei. Ich konnte kaum essen oder schlafen und war ständig paranoid, dass jemand meine schreckliche Tat entdecken könnte. Jedes Geräusch ließ mich zusammenzucken und ich verbrachte die meiste Zeit mit dem Reinigen von Blutflecken in meiner Wohnung.

Mein Leben hatte eine düstere Wendung genommen. Der ›Goldene Handschuh‹, der Ort, an dem ich mich bisher sicher gefühlt hatte, war zu einem Ort des Grauens geworden. Ich konnte die Frauen dort nicht mehr anschauen, ohne an Gerti und meine schreckliche Tat zu denken. Die Angst fraß mich von innen auf, aber sie wich schnell meinem Trieb.

Am nächsten Tag fand ich mich im ›Goldenen Handschuh‹ ein und alles war, wie immer.

KAPITEL ZEHN

Micha fand sich früh morgens im Archiv ein. »Moin«, rief er dem korpulenten Mann zu, der ihm die Stahltür geöffnet hatte.

»Moin«, erwiderte der Mann mit fragendem Blick. »Dich habe ich hier noch nie gesehen.«

»Michael Kappels«, sagte er brav und reichte dem Dicken die Hand. »Ich bin der neue Kriminaloberkommissar in Joschis Truppe.«

»Ach! Von dir habe ich schon gehört.« Der Dicke nahm Michas Hand. »Nun mal nicht so förmlich. Wir duzen uns hier. Ich bin Bodo. Was kann ich für dich tun?«

»*Gehört?* Was redet man denn so über mich?«

Bodo wirkte verlegen.

»Schon gut, Bodo. Ich brauche da ein paar Informationen. Es geht um diese Person.« Micha legte den Schnellhefter mit der Aufschrift ›Ali Yilmaz‹ auf den Tisch. Bodo ging näher heran. »Hm.« Dann ging er los, in Richtung der Regale. Er griff einen Ordner, kam zu Micha zurück und legte den offenen Ordner auf den Tisch. Darin befanden sich nur wenige Blätter. Micha überflog die fünf Seiten. Nichts als allgemeiner Kram. »Das ist nicht viel.«

Bodo hob kurz die Schultern. »Der Kerl ist vor zwei Monaten hier angekommen. So ist das mit denen. Kommen hier her, haben keine Papiere bei sich und vergiften unsere Kinder mit ihren Drogen. Da kannste zusehen, wie die Akte dicker wird.« Bodo stützte sich in Plauderlaune auf den Tisch. »Das fing schon vor zehn Jahren an, als ich noch im aktiven Dienst war.«

Micha nahm den Ordner und unterbrach Bodo. »Dann brauche ich noch alles, was es über einen Karl-Heinz Haack gibt. Hast du da auch was für mich?«

»Augenblick.« Bodo brachte schnell die gewünschte Akte.

»Was hat denn dieser Yilmaz angestellt? Lass mich raten: Prostitution und Drogen?«, wollte Bodo wissen.

»Können wir noch nicht genau sagen. Er wurde gestern mit 'nem Loch zwischen den Augen aufgefunden. Ich soll nun alles recherchieren, was es zu dem Kerl gibt.«

»Alles? Heiliger Klabautermann, und dann willst

du mit dem dünnen Heftchen zurück zu Joschi gehen? Na, der wird dir was erzählen.« Bodo lachte abgehackt.

»Ich verstehe nicht.«

»Mensch, Junge. Die Sache mit Yilmaz stinkt nach Hinrichtung. Und für Hinrichtungen kommen hier nur die Größen von der Reeperbahn infrage: der ›König‹ und seine Schläger.«

»Aber ...«

»Warte«, unterbrach Bodo ihn und verschwand in den Untiefen seines Archivs. Lange Zeit danach schob er einen doppelflächigen Aktentransportwagen vor sich her, auf dem vier Reihen DIN-A4-Ordnern aufgereiht standen. »Das sind die wichtigsten Figuren, die du dir ansehen musst. Jeder Einzelne von denen kann da mit drinhängen.«

»Puh«, stöhnte Micha.

»Du schaffst das schon. Wenn du vorhast, länger bei Joschi zu bleiben, solltest du dir die Kladde von jedem dieser Drecksäcke genau einprägen. Joschi steht auf Vorbereitung und Wissen.« Bodo zwinkerte Micha zu.

»Gibt es hier einen Tisch, an den ich mich setzen kann?«

»Klar.« Bodo schob Micha das Telefon hin.

»Was soll ich damit?«

»Na, Joschi Bescheid sagen, dass du im Keller bei Bodo versackt bist.« Er lachte.

»Folge mir«, sagte Bodo dann, als Micha aufgelegt hatte, und ging voran.

Micha befand sich allein in einem Raum, der vielleicht fünf mal sechs Meter groß war und offensichtlich von dem Wächter der Akten gelegentlich als Pausenraum genutzt wurde. Die Wände waren kalkweiß, der Boden hellgrau, an der Decke baumelte eine Lampe mit Glühbirne, die noch aus den Vierzigerjahren stammen mochte. Es gab kein Fenster, dafür ein verzinktes Waschbecken und in einer Ecke stand eine Liege. Neugierig öffnete Micha eine schmale Tür. Sogar ein Klo.

Er setzte sich an den kleinen Holztisch, nahm auf dem ungepolsterten Stuhl Platz und legte den ersten Ordner auf den Tisch. Bodo hatte recht. Micha musste eine Unmenge an Wissen nachholen, wenn er Joschi beeindrucken und einen guten Job abliefern wollte.

Nach stundenlangem Lesen von Schwerverbrecherakten erhob sich Micha und rieb erschöpft über sein Gesicht. Wo war er da nur hingeraten? In Hamburg ging es schlimmer zu als in Sodom.

Micha konnte Joschis Worte vom Vortag immer noch im Ohr hören, als er nun in diesem Archivkeller saß, umgeben von Bergen von Akten. Sein Kopf war voller Fragen und Zweifel. Joschi hatte ihm scheinbar verziehen und ihm offiziell Ermittlungen im Fall Karl-Heinz Haack gestattet. Doch Micha konnte nicht vergessen, was zwischen ihnen passiert war. Die Worte, die sie sich an den Kopf geworfen hatten, waren nicht so einfach auszulöschen. Dennoch hatte Micha seine Aufgabe angenommen und sich ins Archiv begeben, um jegliche Informationen über Ali Yilmaz und über die Paten der Reeperbahn zusammenzutragen. Und über den verdächtigen Haack! Die Akten, deren Inhalt er aufgesogen hatte, stellte er zurück auf den Transportwagen. Vielleicht wäre es besser, wenn er die neben seinen Schreibtisch stellen würde.

Zum Glück gab es einen Aufzug. Als Micha den schweren Wagen ins Büro schob, blickte Joschi über seine halbe Lesebrille. »Oha! Was Interessantes gefunden?«

Micha setzte sich auf seinen Stuhl. »Scheiße, ich habe nur eine Frage: Wo bin ich hier nur hingeraten?«

Joschi lachte herzhaft. »Hättest du etwas Vernünftiges gelernt, müsstest du dir das nicht antun.«

Beide lachten.

»Was hast du über Ali Yilmaz rausbekommen?«

Micha deutete auf den Transportwagen. »Bodo hat mir einige Akten rausgesucht, die damit in Verbindung stehen könnten.«

Joschi grinste breit.

»Der ›König‹ hat uns gegenüber geäußert, dass er jeden Türken abknallt, der ihm in die Quere kommt.«

»Richtig«, brummte Joschi.

»Aber er ist nicht der Einzige, der um seine Geschäfte bangen muss. Da sind noch eine ganze Reihe anderer Zuhälter, die türkische Konkurrenz nicht mit offenen Armen aufnehmen.«

»Das hast du aber fein ausgedrückt.« Joschi erhob sich, ging zu dem Aktenwagen und las mit schief gelegtem Kopf die Rückenschilder der Ordner. »Respekt. Bodo hatte schon immer ein gutes Gedächtnis.« Joschi umfasste den Griff der Tür eines Aktenschrankes. »Aber in der letzten Zeit sind leider noch einige dazugekommen.« Er öffnete den Schrank. Fünf Reihen Aktenordner!

»Was ...«, stotterte Micha.

»Einige von den Namen hast du schon auf deinem schnuckeligen Wagen. Aber das sind längst nicht alle.«

»Heißt das ...?«

»Genau. Du hast neuen Lesestoff.«

Micha warf sich theatralisch gegen die Rücken- lehne seines Stuhls, ließ die Arme herunterhängen und starrte mit offenem Mund an die Decke. »Sag, dass du mich verarschst.«

Joschi schloss die Tür wieder. »Natürlich brauchst du die nicht alle auf einmal zu lesen. Ich bin ja bei dir. Wir nehmen uns die Kladde von Fall zu Fall zur Hand.« Joschi ging um die Tische herum und setzte sich auf die Ecke von Michas Schreibtisch.

»Diese Sache mit dem toten Türken brennt mir auf der Seele, Micha. Da bahnt sich eine ganz große Scheiße an.«

Micha hörte weiter zu.

»Die Türken werden zurückschlagen. Wir werden in einem furchtbaren Bandenkrieg stecken, der den Bezirk in Angst und Schrecken versetzt.« Joschi rieb sich nachdenklich seinen Stoppelbart. »Es war noch nie so hoffnungslos wie jetzt. Wir sind quasi machtlos.« Joschi erhob sich wieder und setzte sich auf seinen Stuhl.

»Wieso sind wir machtlos?«

»Die halten dicht. Einer wie der andere, ob Türke oder Deutscher, das ist deren gemeinsames Gesetz. Die werden sich so lange gegenseitig abknallen, bis einer aufgibt.«

Micha stützte beide Hände auf die Armlehnen. »Wir können also momentan nichts weiter tun, als zuzusehen?«

Joschi nickte deprimiert. »Darauf läuft es hinaus.

Natürlich zeigen wir immer wieder Präsenz, nehmen uns die Leute vor, befragen sie, stiften Unruhe. Eine Durchsuchung hier, eine Beschlagnahme dort. Das war es aber auch schon. Bewirken werden wir nichts.«

»Gibt es Informanten?«

»Klar. Aber in solchen Zeiten ziehen alle den Kopf ein. Ich würde die momentan auch nur anzapfen, wenn es um Leben und Tod ginge. Die Gefahr, dass sie abgemurkst werden, ist im Augenblick einfach zu groß.«

»Okay. Dann halten wir die Füße still.«

Stille.

»Was denkst du?«, wollte Joschi wissen.

»Ich denke an Haack.«

»Ach, der Drecksack. Warte, ich habe da was reinbekommen.« Joschi kramte ein Papier aus seinem Korb mit der Eingangspost. »Hier. Haack hat 'ne Geldstrafe aufgebrummt bekommen.« Joschi ließ das Papier über die Schreibtische segeln. Micha schnappte es und las neugierig. »Ich habe mir die Akte von Haack angesehen. Er galt bisher als harmlos. Aber das hier«, Micha wedelte mit dem Schrieb in der Luft. »Das lässt ihn in einem neuen Licht erscheinen. Eine Steigerung seiner Gewaltbereitschaft. Wieso ist der Kerl nicht in den Knast gekommen?«

»Keine Ahnung, vielleicht hatte niemand Lust oder Zeit, vielleicht hat man der Frau unterstellt, dass sie eine Mitschuld trägt. Sie ist eine Gelegenheitsprostituierte.«

»Deshalb darf man mit ihr doch nicht machen, was man will.«

»Natürlich nicht. Aber das erhöht ihre Glaubwürdigkeit vor einem Ermittlungsbeamten auch nicht. Ich finde das auch scheiße. Aber so ist es nun einmal.«

»Hm«, murrte Micha unzufrieden. »Ich würde Haack gern genauer unter die Lupe nehmen, einverstanden?«

»Mach das. Und halte mich auf dem Laufenden.«

Micha besuchte das berüchtigte Lokal ›Goldener Handschuh‹, von dem bekannt war, dass Haack dort häufig Zeit verbrachte. Als Micha ankam, war Haack nicht zugegen, dennoch ergatterte er einige Auskünfte. Die Erkenntnisse, die er sammelte, gaben ihm zu denken. Ihm wurde von mehreren Prostituierten berichtet, die in letzter Zeit spurlos verschwanden. Eine von ihnen war eine gewisse Gertrud Bräuer. Gerti, so wurde sie von allen genannt, kam seit Jahren jeden Tag in den ›Goldenen Handschuh‹, blieb aber seit zwei oder drei Tagen wie vom Erdboden verschluckt. Micha würde die Kollegen von der Streife einbinden, damit sie die Augen nach Gerti offenhielten. Das Alarmierende war, dass Gerti zuletzt mit Haack zusammen gesehen wurde. Die beiden hatten Schulter an Schulter gezecht. Haack soll wie immer spendabel gewesen sein, sie hatten dann aber, unabhängig voneinander, das Lokal verlassen. Das alles musste gar nichts bedeuten, das wusste Micha nur zu genau. Aber das Puzzle in seinem Kopf gewann wie von selbst ein immer genauer werdendes Bild. Haack war ein gefährliches Chamäleon, das sich auf Beutezug befand. Alles passte in das Bild über Serientäter, das Micha in der Polizeischule gelernt hatte. Aber es schien, als ob niemand außer ihm daran glaubte.

Dann kam die Nachricht vom nächsten Toten in dem Bandenkrieg auf der Reeperbahn. Micha konnte den Schock förmlich spüren. Die Situation drohte nun außer Kontrolle zu geraten. Die Gewalt eskalierte und die Wahrheit war, dass die Polizei dem nahezu machtlos gegenüberstand. Eine Mauer der Verschwiegenheit verhinderte jede Möglichkeit, sich in diesen Krieg einzubringen und eine gefährliche Eskalation zu verhindern.

So schlimm diese Situation auch war. Als nüchterner Technokrat hakte Micha den Bandenkrieg innerlich so lange ab, bis es Möglichkeiten zum Handeln gab. Keiner der Beteiligten würde jemals mit der Polizei reden, das hatte Joschi selbst gesagt. Alles, was seitens der Polizei getan werden konnte, wurde bereits durchgeführt. Jede weitere Aktivität darüber hinaus würde lediglich Kapazitäten binden und zu nichts weiter als Ressourcenverschwendung führen. Dieses ›Pferd‹ war tot, also stieg er ab. Niemand hatte etwas davon, wenn Kriminalpolizisten Kapazitäten falsch einsetzten, während ein möglicher Serienmörder ungestört seine Taten vollbrachte. Das konnte er natürlich mit keinem seiner Kollegen so kommunizieren, weil es keinen Beweis dafür gab, dass Haack jemanden ermordet hatte. Noch weniger gab es Belege dafür, dass Haack künftig morden würde. Das waren bislang nichts als vage Vermutungen eines unerfahrenen Neulings. Joschi hatte ihm zwar seinen Rückhalt zugesichert, wenn er Haack auf den Fersen bleiben wollte. Aber darauf wollte Micha sich nicht ausruhen. Wenn sich doch alles als ein Irrtum erwies, würde er allein dastehen. Es blieben diese wirbelnden Gedanken, die unentwegt durch seinen Kopf schossen. Der Druck, der auf seinen Schultern lastete, wurde quälend.

In diesem Moment beschloss er, dass er Joschi nicht über alles informieren würde. Es war an der Zeit, dass er seinen eigenen Weg ging, auch wenn das bedeutete, Joschi erneut zu enttäuschen. Denn wenn die Behörden Haack weiterhin mit Geldstrafen davonkommen ließen, würden ahnungslose Mensch in Lebensgefahr schweben. Wenn sich herausstellte, dass Haack etwas mit dem Verschwinden von Gerti zu tun hatte, würde Micha es nicht mit seinem Gewissen vereinbaren können, nichts unternommen zu haben. Schlimmer noch: Wenn seine Vermutung stimmte und weitere Opfer nach Gerti folgten, hätte er eine unverzeihbare Schuld auf sich geladen, sofern er jetzt nicht dranblieb.

Mit neuer Entschlossenheit machte sich Micha auf den Weg, Haacks Spuren weiter zu verfolgen. Doch er wusste, dass er sich dabei auf dünnem Eis bewegte. Die Spannung lag in der Luft, als ob jeder Moment der Falsche sein konnte. Und während Micha immer tiefer in die düstere Welt der Reeperbahn eintauchte, konnte er nicht ahnen, welche Gefahren und Abgründe ihn noch erwarten würden.

KAPITEL ELF

Der Gestank hatte sich zunächst gelegt. Die Leichenteile waren entsorgt oder unter dem Giebel verstaut. In meiner Wohnung sah es wieder aus wie immer, als hätte sich nichts ereignet. Doch der Geruch hing bald wieder stärker in der Luft. Ich griff zum Klebeband und verschloss damit die Ritzen der Luke zum Giebel, hinter der Gertis Arme, Beine und ihr Kopf lagerten. So sollte kein unangenehmer Geruch mehr durchdringen.

Da mir der Korn wieder schmeckte, musste ich dringend meinen Vorrat auffüllen. Zu Hause hatte ich immer ein Dutzend volle Pullen stehen. Wenn ich Damenbesuch mitbrachte, öffnete ich demonstrativ die Schranktür, um den Anblick der Flaschen freizugeben. Erblickten die Frauen die leckeren Buddeln dann, konnte ich mir sicher sein, dass ihnen das Wasser im Munde zusammenlief. Korn in Hülle und Fülle und 200 D-Mark machten die meisten willig.

Mit drei Einkaufsbeuteln ausgestattet schloss ich die Wohnungstür hinter mir, stieg die knarrenden Stufen hinunter und betrat die Straße. Kaum, dass ich vor dem Haus war, fing mich auch schon die alte Becker, meine nervtötende Nachbarin, ab. Sie stemmte ihre Fäuste in ihre Hüften und keifte mich an.

»In letzter Zeit zieht ein entsetzlicher Geruch durchs Haus. Was stellen Sie in Ihrer Wohnung an, Herr Haack?«

Ich hätte der Alten am liebsten in die Fresse gehauen. Eine riesige Wut stieg in mir auf. »Das kommt von den Türken im ersten Stock. Die kochen doch so merkwürdige Sachen. Hammel und solches Zeug. Das ganze Haus stinkt davon. Gehen Sie denen auf die Nerven!«, blaffte ich zurück und legte dabei einen noch schärferen Ton auf als die Becker. Beeindruckt wusste sie keine Antwort mehr. Ich ging um sie herum, Ziel: Edeka.

Es waren nur noch acht Flaschen Korn im Regal des Supermarktes, besser als nichts. Bevor ich wieder in die Zeißstraße einbog, lugte ich um die Hausecke. Die neugierige Nachbarin hatte sich zurückgezogen. In meiner Wohnung öffnete ich die Tür zur Hausbar im Schrank, stellte die Kornflaschen ordentlich hinein und verschloss die Tür wieder. Ich mochte es, wenn alles seinen Platz hatte. In den Fächern daneben befanden sich meine Wäschestücke, ebenfalls ordentlich zusammengelegt und gestapelt. Ich setzte mich auf die Couch, betrachtete meine flächendeckend mit Pornobildern tapezierten Wände und fühlte mich zufrieden. Für den Abend war alles vorbereitet, die Nachtschicht konnte beginnen.

Während dieser Schicht konnte ich kein Auge zutun, wie sonst. Erst gab es einen Fehlalarm, dann einen Feueralarm – den ich beinahe verschlafen hätte – und dann liefen irgendwelche Wichtigtuer herum und machten einen Höllenkrach. Als der Spuk endlich vorbei war, zeigte die Uhr fünf Uhr morgens. Wenigstens hatte ich noch zwei Stunden für mich, dann war endlich Feierabend. Ich kehrte sofort in den ›Goldenen Handschuh‹ ein. »Moin, Kalle«, begrüße Jonny mich in seiner trockenen mienenlosen Art.

»Moin, Jonny.« Ich steuerte auf meinen Stammplatz am Tresen zu. Ein bulliger Kerl kam plötzlich aus den hinteren Räumen, rempelte mich im Vorbeigehen an, sodass ich gegen den Barhocker stolperte. Meine Dienstmütze fiel zu Boden. »He«, brüllte ich dem Kerl hinterher. »N' bisschen mehr Vorsicht hier!«

Der bullige Kerl ignorierte mich zunächst, überlegte es sich dann anders und kam zurück. Ohne

Vorwarnung verpasste er mir einen Faustschlag ins Gesicht, der mich zu Boden gehen ließ.

Als ich wieder zu mir kam, war Jonny über mich gebeugt und klatschte mit der Hand gegen mein Gesicht. »Kalle! Kalle!«, hallte seine Stimme immer wieder aus der Ferne zu mir, bis sie ganz nahe bei mir war.

»Schon gut«, erwiderte ich und rappelte mich auf. Jonny half mir dabei, hob schuldbewusst meine Mütze auf und reichte sie mir.

»Was war das denn für ein Penner?«, wollte ich wissen.

»Vergiss ihn. Aber gehe ihm künftig lieber aus dem Weg.«

Den Rat hätte Jonny mir nicht geben müssen. An diesem Tag gingen meine beiden Mettbrötchenhälften mit viel Zwiebeln aufs Haus.

Nach der schlaflosen Nacht fühlte ich mich auch nach dem Frühstück noch wie gerädert. Ich trank zwei Pötte extra starken Kaffee, aber das half nichts. Jedoch wollte ich auf keinen Fall den ›Goldenen Handschuh‹ vorzeitig verlassen und ließ mir einen dritten Kaffee bringen. Gegen neun Uhr morgens herrschte der übliche Betrieb. Nutten kamen und gingen, Gesprächsfetzen flogen durch die Luft, mal ein Lachen, dann ein Fluchen, Kerle, denen ich lieber aus dem Weg ging, kamen und gingen und Jonny war stets der Mittelpunkt. Die meisten Visagen kannte ich, eine aber hatte ich noch nie gesehen. Offensichtlich eine Nutte, die in der Nacht nicht viel Erfolg verzeichnet hatte. Sie setzte sich an den Tresen, drei Hocker entfernt von mir, zündete sich eine Zigarette an und blies den Rauch in die Luft. Ich konnte meinen Blick nicht von der Frau lassen. Sie war an die sechzig, aber eine Schönheit mit einer feinen Nase, dicken Haaren und einer schlanken Figur. Während ich sie ansah, knetete ich heimlich mein Ding. »Kann ich anschreiben lassen?«, fragte sie Jonny.

»Wenn du 'nen Tausender bei mir versoffen hast, kriegst du einen Deckel.« Jonny spülte weiter ungerührt Gläser. Die Frau presste ihre Lippen zusammen, wollte sich erheben. Ihr kurzer Rock verrutschte dabei und ließ beinahe ihr ganzes Bein, das in Netzstrumpfhosen steckte, aufblitzen. Die wäre genau das Richtige, dachte ich mit meinem Steifen in der Hose. »Darf ich die Dame einladen?«, fragte ich. Sie sah an mir entlang, zögerte. Den Blick kannte ich. Dann setzte sie sich wieder. »Ein Frühstück mit Kaffee und dazu einen Sekt.«

»Jonny, du hast gehört, was die Dame wünscht. Bringe ihr dein bestes Frühstück und deinen besten Sekt.« Es gab nur eine Sorte Sekt, die wie Zuckerwasser schmeckte und genauso gab es nur ein Frühstück. Aber das wusste die Puppe ja nicht und ich konnte Eindruck schinden. »Darf ich mich zu der Dame setzen?«, wiederholte ich. Ich hatte im Fernsehen gelernt, wie feine Herren mit feinen Damen sprachen. Das kam immer gut an. Die Hübsche deutete nun wortlos auf den Barhocker neben sich. Ich war nicht ihre erste Wahl, das war unverkennbar. Aber da war niemand sonst und sie brauchte einen Schlafplatz.

Bevor ich mich setzte, klemmte ich meine Dienstmütze unter den Arm, streckte ihr die Hand entgegen und drückte meine Uniformbrust so weit heraus, wie ich nur konnte. »Ich bin Kalle.«

»Kalle«, sagte sie mit einem abschätzigen Ton und sah an mir entlang. Die Art, wie sie das tat, gefiel mir nicht. »Ich bin Rosemarie. Du darfst mich Rosi nennen.« Jonny stellte Rosi den Frühstücksteller und den Sekt vor die Nase. Sie aß sofort gierig. Zu dem Frühstück gehörte auch ein Wiener Würstchen. Ich hasste Wiener Würstchen. Aber an diesem Tag bereitete mir die Art, wie Rosi es in ihren Mund schob und davon abbiss, beinahe einen Erguss. Voller Faszination folgte ich Rosis Bewegungen und in meiner Fantasie zerrte ich ihr in meiner Wohnung die Netzstrumpfhosen vom Leib und fickte sie, wie ein wildes Tier.

Ich winkte Jonny zu, er stellte mir kurz darauf mein übliches Getränk vor die Nase. Bevor Rosi ihr Frühstück beendet hatte, waren sechs Fanta-Korn durch meine Kehle geflossen. Mein Mut war gewachsen, aber Rosi blieb kühl. Ich ging zum Frontalangriff über. »Wenn du willst ... aber nur, wenn du wirklich willst, kannst du bei mir pennen.«

Sie ließ ihren Blick auf ihren beinahe leeren Teller gerichtet. »Okay«, sagte sie überraschend.

Ich hielt die übliche Prozedur ein. Rosi sollte vorausgehen und an der Bushaltestelle auf mich warten. Dort stiegen wir in den Bus und verhielten uns, als würden wir uns nicht kennen. In der Zeißstraße liefen wir auf unterschiedlichen Straßenseiten, ich betrat die Nummer 75 als Erster, sie folgte, wir schlichen die Stufen empor, erst in der Wohnung sprachen wir wieder.

»Machst du ein Geheimnis um deine Wohnung?«

»Alte Gewohnheit. Ich war bei der Fremdenlegion«, log ich prahlend. »Das legt man nicht so leicht ab.«

»Fremdenlegion? Das ist beeindruckend.« Rosi stand in der Mitte des Wohnzimmers und betrachtete die dreihundert Pornobilder an den Wänden. Sie hielt ihre Handtasche auf diese jungfräuliche Weise vor sich. »Beeindruckende Sammlung.«

Mein Mut stieg und die Rolle des Fremdenlegionärs schien mir auf den Leib geschrieben. »Ich bin eben ein richtiger Mann.«

Rosi nickte stumm. »Wo kann ich denn schlafen?«

Eilig deutete ich zum Schlafzimmer nebenan. »Du kannst das Bett haben. Ich bleibe hier auf der Couch.«

Sie ging ins Schlafzimmer, schob die Tür hinter sich zu und ich stand da.

Gegen Mittag wälzte ich mich noch immer auf dem unbequemen Sofa, obwohl ich längst hätte schlafen sollen. Aus dem Schlafzimmer war kein Laut zu hören. Rosi war nicht nur eine ansehnliche und aparte Frau, sie schnarchte auch nicht. Ich schlich zur Tür und spähte hindurch. Im abgedunkelten Schlafzimmer konnte ich so gut wie nichts erkennen. Nur Rosis Konturen unter der Bettdecke, sonst nichts. In meinem Kopf spielten sich verrückte Bilder von Rosis Netzstrumpfhose, von ihrer Möse und davon ab, wie ich sie durchfickte – immer und immer wieder. Dabei juchzte sie in meinen Tagträumen und forderte mehr von mir, dem starken Fremdenlegionär. Ich schlich ins Schlafzimmer hinein, blieb vor dem Bett stehen und wartete, ob sie mich bemerkt hatte. Als ihr leises Atmen gleichmäßig blieb, hockte ich mich auf den Boden und hob die Bettdecke vorsichtig hoch. Im fahlen Licht des verdunkelten Zimmers schimmerte ihr weißes Fleisch und in den hell fluoreszierenden Umrissen ihres Körpers deutete sich ihr Busch schwarz an. Ich zitterte vor Geilheit, zögerte, ob ich nach ihrer Möse greifen sollte. Inzwischen war ich kurz davor, abzuspritzen. Mein Ding drohte, jede Sekunde zu platzen. Behutsam schob ich meine Hand in Richtung ihrer Möse. Ein Hauch von Pissegeruch und Mösendampf wehte mir entgegen, sodass ich weinen wollte, vor Geilheit. Als ich ihren Busch an meinen Fingerspitzen spürte, gingen mir die Sicherungen durch. Ich riss die Bettdecke beiseite, drückte ihre Beine auseinander und warf mich dazwischen.

Doppelt so schnell flog ich aus dem Bett, ein Fußtritt traf mich derart heftig am Jochbein, dass ich benommen war.

Rosi sprang aus dem Bett und versetzte mir noch einige Tritte in meinen Bauch. Ich rang panisch nach Atem, dachte, dass ich ersticken müsste. Aus dem Augenwinkel vernahm ich, dass Rosi sich ankleidete, ihre Sachen zusammenklaubte und wortlos aus der Wohnung floh.

Allmählich bekam ich wieder Luft. Ich warf mich vornüber aufs Bett, in dem eben noch Rosi gelegen hatte, drückte mein Gesicht in das warme Laken und sog den Duft ihrer Möse tief ein. Dann rieb ich wenige Male meinen Schwanz und ergoss mich.

Aber das genügte mir nicht. Ich erhob mich, kleidete mich an und machte mich auf den Weg. Ich musste an diesem Tag eine Frau haben. Koste es, was es wolle.

KAPITEL ZWÖLF

Wut kochte in mir hoch, als Rosi mitten in der Nacht meine Wohnung verließ und meine Pläne durchkreuzte. Wie konnte sie es wagen, mich abzulehnen? Von meinem eigenen Fehler bitter enttäuscht, beschloss ich, meine Frustration anderswo abzureagieren. Ich wusste genau, wo ich hingehen musste – das berüchtigte Bordell auf der Reeperbahn.

Der Name des Etablissements war jedem bekannt, der sich in den 70er-Jahren in Hamburg herumtrieb: Es war das ›Safari‹. Mit einem Mix aus Neugierde und einer gewissen Vorfreude begab ich mich auf den Weg dorthin. Ich hatte gehört, dass sie auch spezielle Rollenspiele anboten – und genau das war es, was ich jetzt brauchte.

Als ich das Bordell betrat, fiel mein Blick auf

eine mächtig aussehende Offiziersuniform, die in einem Glaskasten präsentiert wurde. Ich wusste sofort, dass dies meine Verkleidung sein sollte. Ich verlangte nach dieser speziellen Kleidung und begab mich in eine der Kabinen, um mich umzuziehen.

Die Uniform fühlte sich seltsam an – unbequem und starr. Es war ein komisches Gefühl, so verkleidet und vollkommen in eine andere Rolle zu schlüpfen. Ich wollte mich jetzt nicht mehr als Karl-Heinz Haack fühlen, sondern als der ›General‹, als die höchste Instanz, die über allen stand.

Als ich die Kabine verließ, wandte sich eine attraktive Prostituierte mir zu. Ihr Blick fiel auf meine neue Erscheinung und sie begann, mich respektvoll mit ›General‹ anzureden. Es gefiel mir, wie der Titel ihren Mund verließ und meine Ohren erreichte. Es verlieh mir eine gewisse Macht – eine Macht, die ich bisher in meinem Leben nie gespürt hatte. Wir begaben uns in ein Zimmer, das an einen Kasernenraum erinnerte. Das Bett war hart und kalt, doch für dieses Rollenspiel war es perfekt. In meiner Uniform fühlte ich mich größer, stärker und bestimmter. Es war, als hätte ich das Sagen über alles und jeden.

»Was befehlt Ihr, Herr General?«, flüsterte die Prostituierte unterwürfig mit dem gleichen Unterton der Macht, den ich fühlte. Ihre Worte trieben meinen Puls in die Höhe, als ich meine Rolle als ›General‹ weiter auskostete. Ich gab ihr meine Befehle, und sie erfüllte sie gehorsam. Doch dieses Mal ging es nicht um körperliche Lust – es ging um die Ausübung von Macht und Kontrolle. Es war ein intensives und verstörendes Erlebnis zugleich. Während der harte Sex, den wir praktizierten, meine Dominanz unterstrich, spürte ich auch, wie meine eigene Verletzlichkeit in den Hintergrund trat. Ich konnte mich in dieser Rolle verstecken, meine Unsicherheiten verdrängen und mich in der Überlegenheit des ›Generals‹ verlieren.

Als wir fertig waren, verließ die Prostituierte das Zimmer – doch ich blieb allein zurück, um meine Uniform zu bewundern. Vor dem Spiegel stand ich stolz und betrachtete meinen veränderten Anblick. Ich flüsterte »General« und salutierte vor meinem Spiegelbild. Es war ein Akt der Selbstanerkennung, ein Moment des Triumphs in einer Welt, in der ich mich sonst klein und unbedeutend fühlte.

Ich konnte nicht wissen, was mich dazu trieb, solch ein Rollenspiel zu wählen. Vielleicht war es der Wunsch, Kontrolle oder Dominanz zu erlangen, die mir im Alltag fehlten. Oder vielleicht war es einfach nur die Suche nach einer Flucht aus meinem tristen Leben – eine Möglichkeit, für kurze Zeit jemand anderer zu sein, eine andere Person mit einer anderen Geschichte.

Als ich Stunden später das ›Safari‹ verließ, fühlte ich mich erschöpft und dennoch erfüllt. Das Spiel mit der Macht hatte mich beflügelt und zugleich verunsichert. Ich wusste nicht, ob ich jemals wieder in diese Rolle schlüpfen würde, aber ich hatte etwas Faszinierendes entdeckt – eine Seite an mir selbst, die ich zu einer besseren Version von mir machen wollte.

KAPITEL DREIZEHN

Ich war wütend. Nachdem ich gestern einen Abend im ›Safari‹ verbracht hatte, einem Bordell in der Nähe der Reeperbahn, fühlte ich mich komplett verändert. Das Rollenspiel, bei dem ich eine Uniform und Lackstiefel trug, hatte etwas in mir ausgelöst. Es war, als ob ich endlich die Möglichkeit vor mir sah, ein anderer Mensch zu sein, ein Mensch mit Macht und Kontrolle. Und das gefiel mir.

Doch am nächsten Morgen wurde ich unsanft aus dem Bett geklingelt. Zuerst dachte ich schlaftrunken, dass Frau Becker sich wieder beschweren wollte. Aber das Schlagen gegen die Tür war derart grob und laut, dass es nicht von ihr stammen konnte. Ich ahnte Schlimmes, ging zur Tür. »Wer ist da?«

»Polizei. Aufmachen!«

Ein Schock durchfuhr mich. Ich sah zu der kleinen, mit Klebeband abgedichteten, Tür, hinter der Gertis Arme und Beine verstaut waren. Vielleicht weckte diese Tür die Neugier der Bullen. Ich machte einen Schritt auf den Sessel zu, um ihn davor zu stellen.

Abermaliges grobe Klopfen riss mich aus meinen Gedanken. »Aufmachen, sofort!« Die Stimme des Polizisten ließ keine Zweifel aufkommen. Ich schloss auf, öffnete die Tür einen Spalt breit. Augenblicklich wurde die Tür nach innen gedrückt und mehrere Polizisten in Uniform strömten in meine Wohnung. Mein Herz schlug plötzlich wie wild. Was wollten sie von mir?

»Karl-Heinz Haack?«, fragte einer der Polizisten mit ernster Miene.

»Ja, das bin ich«, antwortete ich mit zittriger Stimme.

»Wir müssen Sie mit auf die Davidwache nehmen«, erklärte der andere Polizist knapp.

»W-was ist denn los?«, stammelte ich fassungslos.

»Sie wurden von einer gewissen Rosi angezeigt wegen versuchter Vergewaltigung«, erläuterte der erste Polizist.

Meine Welt schien in diesem Moment zusammenzubrechen. Ich konnte es kaum fassen. Ich, der doch gestern Abend nur seine Fantasien im Bordell

ausgelebt hatte, sollte jetzt als Vergewaltiger dastehen? Das konnte doch nicht wahr sein!

Auf der Davidwache wurde ich in einen kleinen
Raum geführt. Die Polizisten setzten mich auf
einen unbequemen Stuhl und begannen, mich
auszufragen. Sie wollten alles über meinen gestrigen
Abend wissen, über Rosi und die Situation, die zu
der Anzeige geführt hatte. Ich musste mich beherrschen, um nicht sofort in Panik auszubrechen. Ich
log, so gekonnt wie nie zuvor. Ich erzählte von
meiner Sehnsucht nach Macht, von den Rollen-
spielen im ›Safari‹ und wie ich gedankenverloren mit
Rosi gesprochen hatte, ob sie nicht mit mir spielen
wollte. Ich gab mich gespielt peinlich berührt,
betonte immer wieder, dass es nur um das Spiel ging
und dass ich nie die Absicht hatte, sie zu verletzen.

Die Polizisten schienen zunächst skeptisch,
doch als ich immer wieder betonte, dass es nur um
körperliche Dominanz und Unterwerfung ging,
schien meine Geschichte plausibel zu sein. Zudem
behauptete ich, dass die Berufsprostituierte Rosi
mich nach dem Geschäft erpressen wollte, indem
sie damit drohte, peinliche Details preiszugeben,
wenn ich nicht zahlte.

Auf dem Revier war die Hölle los, das spielte
mir in die Hände. Vielleicht glaubten sie mir auch
nur, weil es einfacher war, den Fall als simple Geld-

strafe abzutun, anstatt sich mit einer möglichen Fehleinschätzung herumschlagen zu müssen.

Nach Stunden der Befragung entschieden die Polizisten, mich vorerst gehen zu lassen. Ich war erleichtert, doch ein fahler Beigeschmack blieb. Die Tatsache, dass ich jetzt mit einer Geldstrafe davongekommen war, bedeutete nicht, dass ich unschuldig war. Ich wusste, was ich gestern Abend getan hatte und dass es falsch gewesen war. Aber ich hatte den Preis für mein bizarres Spiel mit den Konsequenzen bezahlt.

Zurück in meiner Wohnung fühlte ich mich leer und zerrissen. Einerseits erleichtert, dass ich nicht ins Gefängnis musste, andererseits voller Scham und Reue für das, was ich getan hatte. In diesem Moment wünschte ich mir nichts sehnlicher, als mein altes Leben zurückzubekommen, das einfache Leben als Ehemann von Marga auf einem Hof in Schleswig-Holstein.

Ich zog mich aus, warf meine Kleidung beiseite und ging unter die Dusche, um mich von der Last des gestrigen Abends zu befreien. Das heiße Wasser prasselte auf mich herab und ich ließ meine Gedanken schweifen. Was hatte mich nur dazu gebracht, all das auszuprobieren? War es die Langeweile oder ein tieferliegendes Verlangen, das ich bisher unterdrückt hatte?

Als ich das Wasser abdrehte und aus der Dusche trat, fühlte ich mich ein Stück weit gereinigt. Ich nahm mir vor, nie wieder der Versuchung nachzugeben, in solche zwielichtigen Etablissements zu gehen.

KAPITEL VIERZEHN

Es war an einem kühlen Herbstabend im Jahr 1974. Ich fühlte mich lustlos und frustriert, als ich einsam im ›Goldenen Handschuh‹ saß. Die Anzeige wegen angeblicher Vergewaltigung und die Tatsache, dass vor ein paar Tagen ein Bulle nach mir gefragt hatte, beunruhigten mich ziemlich. Ich wusste, dass ich vorsichtig sein musste, aber dennoch genoss ich mein einsames Getränk, ein paar schnelle Fanta-Korn, um meinen Ärger zu betäuben.

Plötzlich trat Emmy Haitmann neben mich. Sie war eine gealterte Prostituierte, die übergewichtig und offensichtlich obdachlos war. Normalerweise gehörte sie genau zu meinem Beuteschema. An diesem Tag verspürte ich jedoch keine Lust auf diese Frau mit dem traurigen Blick und den zitternden Händen. Sie war offensichtlich von Schicksalsschlägen gezeichnet und wäre gewiss ein leichter Fang gewesen. Dennoch war ich viel zu schlecht gelaunt, um mich mit ihr abzugeben oder gar Mitleid zu haben.

»Dürfte ich mich zu dir setzen?«, fragte sie, während sie nervös an ihrer Zigarette sog. Ich zögerte einen Moment, bevor ich antwortete.

»Na gut, aber halte einfach die Klappe«, brummte ich mürrisch und deutete mit einer fahrigen Kopfbewegung auf den Barhocker neben mir. Mit einer Daumenbewegung machte ich Jonny klar, dass er ihr etwas zu trinken hinstellen sollte. Emmy schien sich über meine Zustimmung zu freuen und hievte sich schweratmend auf den Barhocker. Ihre traurigen Augen ruhten für einen Moment auf mir, bevor sie mit zittriger Stimme sprach.

»Weißt du, ich kannte den ›Goldenen Handschuh‹ noch zu seiner Blütezeit«, begann sie leise. »Es war ein Ort des Vergnügens und der Freiheit für uns Frauen. Aber schau dich heute um, alles ist verfallen und heruntergekommen. Genauso wie wir.«

Ich blickte sie skeptisch an und nahm einen großen Schluck von meinem Getränk. Jonny stellte ihr einen doppelten Klaren und ein Pils hin, Emmy kippte den Schnaps sofort in einem Zug herunter. Emmy war aufdringlich und ich hatte eigentlich keine Lust auf ihre Geschichten, was ich ihr zuvor deutlich gemacht hatte. Trotzdem schien sie nicht davon abgeschreckt und fuhr fort.

»Ich war einst ein hübsches Mädchen.« Ihre heisere Stimme war Zeuge des jahrelangen Alkoholkonsums.

»Aber das Leben hat mir übel mitgespielt. Kein Wunder, dass ich jetzt so enden musste.«

Jonny füllte ihr Schnapsglas nach. Statt Mitleid oder Interesse konnte ich nur noch meine eigenen Probleme in den Vordergrund stellen. Ich war frustriert, einsam und hatte niemanden, der sich um mich kümmerte. Wie so oft, musste ich an Marga denken, die Frau, für die ich alles gegeben hätte, die mich aber betrogen und verlassen hatte. Ich fragte mich, ob Emmy dasselbe Schicksal erlitten hatte. Unbewusst begann ich, ihr zuzuhören, und ihre Geschichte fesselte mich langsam. Sie erzählte von ihrer Jugend, den zahlreichen Männern, die sie begehrt hatten, und den Geschenken, die sie erhalten hatte. Doch das alles war vergangen. Ihr Leben war in einem Strudel aus Alkohol, Missbrauch und Einsamkeit versunken.

Nachdem sie mir ihre Geschichte erzählt hatte, ging Emmy mit mir mit in meine Wohnung. Mein Misstrauen gegenüber ihr war verschwunden und ich begann, so etwas wie Interesse für sie zu empfinden. Diese Nacht sollte anders werden als alle anderen zuvor.

»Setz dich«, sagte ich, als ich die Wohnungstür hinter uns schloss. Sie sackte ungeschickt auf die Couch, ich öffnete die Schranktür, nahm eine Flasche Korn heraus und stellte sie zusammen mit Gläsern auf den Tisch. Emmy glotzte interessiert zu meinem Schnapsvorrat im Schrank. Wir schwiegen. Sie öffnete die Flasche und goss ein. »Hier riecht es aber komisch«, bemerkte sie und sah sich mit verzogenem Gesicht um.

»Die Türken. Das kommt von den Türken im Haus. Die kochen so komisches Zeug.« Ich zog meine Hosen herunter und begann, mein Ding steif zu reiben.

»Was hast du vor?«, fragte sie mit einem Entsetzen im Gesicht.

»Na, wonach sieht es denn aus?« Ich rieb weiter, war inzwischen so weit. Also näherte ich mich Emmy und wollte ihre Beine auseinanderdrücken.

»Lass das!«, blökte sie so laut, dass ich einen Schreck davon bekam. Doch ich wich nicht zurück. Stattdessen kam mir die Nacht im Bordell in den Sinn. Die Erinnerung daran, als ›General‹ behandelt worden zu sein, ließ mich noch geiler werden. Ich schlug Emmy ins Gesicht. »Halt die Fresse, verstanden?« Sie weinte und starrte mich mit großen Augen an. Schon besser. »Du nennst mich ab sofort ›General‹, verstanden?«

Emmy glotzte verdutzt.

»Los, sage es!«

»Du spinnst doch.« Sie wuchtete ihren massigen Körper nach vorn, bemüht, sich zu erheben. Abermals schlug ich auf sie ein. Sie schrie noch lauter als zuvor: »Hilfe! Hilfe!«

Wie von Sinnen schlug ich Emmy, immer und immer wieder. Sie hielt die Arme schützend vor sich, rief nach Hilfe. Mit jedem Treffer versiegte ihr Gebrüll für einen Augenblick, aber sofort schrie sie wieder. Ich würgte sie. Emmy wehrte sich zäh, wir rangen miteinander und stürzten laut krachend auf den Boden. Emmy war ein lustloses und undankbares Miststück. In meinen Gedanken plante ich schon lange den nächsten Mord, und das Schicksal fügte sich, indem es mir Emmy auf dem Silbertablett servierte.

Ich umklammerte ihren Hals und erwürgte sie langsam. Ihr trauriger Blick verschwand in dem Moment, als ihr Leben erlosch. Mein lustloser Zustand, als sie auf mich traf, schien sich auf sie übertragen zu haben. Es war ein Akt der Befreiung – für uns beide.

Schwer atmend beobachtete ich Emmys lebosen Körper. Ich fühlte mich mächtig und unbesiegbar. An diesem Abend hatte ich eine Wahl. Ich hätte Emmy auch einfach gehen lassen können. Aber ich entschied mich dafür, sie auszulöschen, weil sie eine undankbare Schlampe war. Wie Marga.

Mir war nach einem Schnaps zumute, aber ich verzichtete darauf, denn was nun vor mir lag, erforderte einen klaren Kopf. Blaue Plastiksäcke, die Säge, das Messer, alles war schnell beisammen. Ich hatte ja mit Gerti Erfahrungen gesammelt, jetzt war es mit Emmy schon einfacher. Ich zerschnitt zunächst mit dem Messer Haut, Fleisch, Sehnen und Muskeln um ihre Arme, Beine und den Hals herum. Die Schnitte vollführte ich bis auf die Knochen. Das meiste Fleisch zog sich von allein beiseite und gab den Blick auf den Knochen frei. Dort, wo das nicht so war, half ich nach. Immer mehr Blut lief aus den Öffnungen, sodass ich zwischendurch einen Eimer und Lappen aus der Küche holte, um es aufzunehmen.

Endlich setzte ich die Säge an und arbeitete mich durch Emmys Oberarm. Ihre Titten schwabbelten dabei hin und her und ihr Kopf wackelte, sodass es aussah, als würde sie nicken. Mehrmals musste ich die Arbeit unterbrechen, weil Lachkrämpfe mich schüttelten. Nach einer guten Stunde lagen alle Einzelteil vor mir auf dem Boden. Ich brauchte eine Pause. Und einen Schnaps.

Von der Küche aus, wo ich ein Glas Wasser und zwei Schnäpse trank, fiel mein Blick auf Emmy. Eine ganz schöne Sauerei. Und eine irrsinnige Arbeit. Ein dritter Schnaps. Dann schritt ich zum nächsten Teil meiner Arbeit und stopfte Emmys Kleidung und ihren Kopf in einen blauen Sack und verknotete ihn. Die beiden Arme passten in einen zweiten Sack. Für die Beine musste ich zwei Säcke verwenden. Der Rumpf war erschreckend schwer und glitt mir aus den Händen, als ich ihn eintüten wollte. Der Umfang von Emmys Wanst war so gewaltig, dass ich befürchtete, er würde gar nicht hineinpassen. Ich kniete mich davor und schob die Öffnung des blauen Sacks über ihren geköpften Rumpf. Das dunkel und glibberig gewordene Blut machte die Schultern rutschig. So gelang es mir, den Plastiksack bis über Emmys Hüften zu ziehen. Dann war der Sack voll. Und Emmys Arsch und ihre Möse ragten noch heraus. »Scheiße!«, fluchte ich. »Diese Schlampe bringt mir nur Pech.«

Blutverschmiert stand ich vor den Plastiksäcken. Dass ich das Zeug nicht durch die Straßen schleppen würde, war klar. Das würde mir nie wieder passieren. Aber wenn ich Emmy bei Gerti im Giebel verstauen wollte, müsste alles verpackt und verknotet sein. Selbst dann entwickelte sich mit der Zeit ein gewisser Geruch. Aber ein offener Sack würde bestialisch stinken. Das ging also gar nicht. Ich musste in Zukunft darauf achten, dass die Weiber nicht mehr so groß waren, wie Emmy.

Mir kam eine zündende Idee. Ermutigt griff ich einen weiteren Plastiksack und zog ihn von Emmys Unterseite her über den ersten. Das war die Lösung! Dann verschloss ich alle Plastiksäcke gründlich mit Klebeband, auch den letzten, in dem ich die aufgeschnittenen und blutverschmierten Folien verstaute, die als Unterlage gedient hatten. Ich öffnete die Luke, hinter der sich der Giebel befand. Zugegeben, der Gestank, der mir entgegenwehte, war gewaltig. Es war Schwerstarbeit, die Säcke allesamt in den Hohlraum unterm Dach zu schieben. Ich war überglücklich, als es endlich geschafft war. Ich warf Gerti und Emmy einen letzten Blick zu, schloss die Luke und verklebte die Ritzen wieder mit Klebeband.

Ein Blick auf die Uhr trieb mich an. Meine Schicht begann in Kürze. Hoffentlich würde es eine ruhige Schicht werden. Ich brauchte dringend Schlaf.

KAPITEL FÜNFZEHN

Micha war den ganzen Tag damit beschäftigt gewesen, im Kiez Spuren zu suchen und Leute zu befragen. Die Stimmung in der Umgebung der Reeperbahn war merkwürdig, es lag etwas in der Luft. Die Kneipe ›Goldener Handschuh‹, in der Karl-Heinz Haack, regelmäßig verkehrte, stand auf Michas Liste. Der Kneipenwirt Jonny erkannte Micha von seinem letzten Besuch wieder – man hatte auf der Reeperbahn ein exzellentes Personengedächtnis, was Bullen anbelangte. »Der Herr Kommissar«, murrte Jonny Gläser spülend. »Was darf es sein?«

»Eine Cola bitte.« Jonny war jedoch nicht besonders redselig und verriet nichts Neues über Haack. Es war ein Wunder, dass Jonny überhaupt mit ihm sprach. Unverdrossen bestellte Micha zwei weitere Cola und verwickelte Jonny in Gespräche.

Plötzlich stürmte ein junger Mann in den ›Goldenen Handschuh‹. »Der schöne Hermann ist tot!«, schrie er und blieb vorm Tresen stehen. Jonny reichte ihm einen Fünfer, der Junge verschwand wieder.

»Hermann Schönfelder?«, fragte Micha nach, Wirt Jonny bestätigte mit einem stummen Kopfnicken. Micha legte zehn Mark auf den Tresen – zu viel – und stürmte aus der Kneipe. Im Laufschritt eilte er zu seinem Wagen und raste zur Davidwache, wo Joschi ihn bereits erwartete. »Was für ein Desaster«, sagte Micha, als er vor Joschi stand.

»Lass uns zur Gerichtsmedizin gehen.«

Sie schwiegen auf dem Weg dorthin. Die Folgen dieser Tat waren zu diesem Zeitpunkt bereits zu erahnen.

Dort angekommen, wurden sie von dem Gerichtsmediziner Dr. Müller in den Untersuchungsraum geführt. Er zog das grüne Tuch beiseite. Der Anblick des toten Hermanns schockierte die Kommissare. Sein Gesicht war entstellt, eine seiner Augenhöhlen war ein rotfleischiges Loch ohne Lid, sämtliche Gliedmaßen waren unnatürlich verformt.

»Endgültige Ergebnisse bekommen Sie, wenn ich fertig bin. Bisher kann ich so viel sagen: Sein Tod trat vor zehn bis fünfzehn Stunden ein, Todesursache war die aufgeschlitzte Kehle.« Dr. Müller deutete auf den Schnitt am Hals des Toten.

»Ein ziemlich langer Schnitt«, bemerkte Joschi und ging näher heran. »Und sauber ausgeführt, da habe ich schon andere Gemetzel gesehen.«

Micha wurde übel.

»Gut beobachtet, Herr Kriminalhauptkommissar. Wer das Messer geführt hat, wusste, was er tat, und er hat das nicht zum ersten Mal gemacht. Zuvor wurde das Opfer derart gefoltert, wie ich es noch nicht gesehen habe.«

»Gefoltert?«, krächzte Micha.

Der Mediziner fuhr ungerührt fort. »Man hat dem Mann mehrere Fingernägel ausgerissen und ein Auge ausgestochen. Seine Arme, Beine und Finger weisen Knochenbrüche auf, darüber hinaus wurde er mit Schlägen malträtiert. Seine Qualen müssen Stunden angedauert haben.«

»Danke, Doc«, sagte Joschi und schob Micha aus dem kalten Raum. Sie gingen über die Treppe zurück ins Büro. »War das eine Rache für den erschossenen Ali Yilmaz?«, fragte Micha. Das Echo seiner Stimme hallte gegen die Schritte an. Joschi stieß die Tür zur Etage auf, im Flur waren die Geräusche gleich gedämpfter. »Davon sollten wir ausgehen.« Joschi schob Micha ins Büro und schloss die Tür. »Mit dem schönen Hermann kommt eine weitere Figur in das unüberschaubare Spiel. Hermann gehörte nicht zum ›König‹, sondern zu

Ralf Weiss. Ralf Weiss wird Türken-Ralle genannt, weil man ihm nachsagt, dass er seit einiger Zeit im Geheimen mit der türkischen Mafia in Kontakt steht.«

»Aber das ergibt doch keinen Sinn. Wenn Türken-Ralle mit den Türken paktiert, warum hat er dann Ali Yilmaz getötet?«

»Ich weiß«, gab Joschi abgekämpft zurück. »Es wird immer verworrener. Immer, wenn du glaubst, dass du diese Drecksäcke von der Reeperbahn verstanden hast, passiert etwas, das dein ganzes Gedankengebäude wieder umkippt. Du hast ja einen Teil der Aktenberge gesehen, Micha.«

Micha rieb sich nachdenklich sein Kinn. »Es sieht im Moment so aus, als hätte Türken-Ralle mit all dem nichts zu tun, richtig?«

»So sehe ich das auch.«

Micha schnippte mit den Fingern. »Was, wenn wir genau das denken sollen, die Wahrheit aber ganz anders aussieht?«

Joschi raufte sich die Haare. »Du machst mich noch verrückt.« Joschi fing sich aber schnell wieder. »Wir halten Augen und Ohren offen, klar?«

»Klar, Chef.« Micha lag es auf der Zunge, zu berichten, dass er im ›Goldenen Handschuh‹ gewesen war, verkniff es sich aber aus einem Gefühl heraus.

»Jetzt ist der Bandenkrieg da«, brabbelte Joschi gedankenversunken.

Plötzlich öffnete sich die Tür des Büros und ein Kollege von der Wache kam herein. »Joschi, Micha«, sagte er atemlos. »Der Torso einer Frau wurde auf einem verlassenen Betriebsgelände gefunden.«

»Ein Torso?«, hakte Joschi verdutzt nach.

»Ja, ein Körper ohne Arme, ohne Beine ...«

»Ich weiß, was ein Torso ist!«, blaffte Joschi seinen Kollegen an.

»... und ohne Kopf«, fuhr der Kollege von der Wache fort.

»Heilige Scheiße.« Joschi umfasste Michas Schultern und sah ihm in die Augen. »Dein Serienmörder!«

Micha wurde blass und schwieg.

»Da wäre noch etwas«, meldete sich der Wachpolizist abermals. »Frau Becker, die vor einigen Tagen bei dir eine Prostituierte als vermisst gemeldet hat, war heute wieder da.«

»Und, was wollte sie?«, fragte Micha nach.

»Sie hat eine weitere Prostituierte als vermisst gemeldet. Ich dachte, ich melde euch das besser, falls es da einen Zusammenhang gibt.«

»Danke, gut gemacht, Kollege«, mischte sich Joschi ein, schob den Wachpolizisten wieder hinaus und wandte sich Micha zu. »Deine dunkelsten Befürchtungen scheinen sich zu bewahrheiten. Ein Serienmörder treibt sein Unwesen in der Gegend um die Reeperbahn. Wir müssen schnell handeln, um einen nächsten Mord zu vermeiden und um den Mörder endlich zur Strecke zu bringen.«

»Das sage ich doch«, eiferte Micha.

»Stopp! Wir werden das jetzt ordentlich durchziehen und uns nicht auf einen einzigen Verdächtigen einschießen. Schon gar nicht, wegen eines Bauchgefühls, verstanden?«

»Aber ...« Micha schluckte den Rest des Satzes herunter. Sie waren wieder an diesem gewissen Punkt. Für ihn war dieser Haack derjenige, den sie so schnell wie möglich einbuchten sollten. Für Joschi waren die vorliegenden Indizien ein Witz. Irgendwie hatte Joschi sogar Recht damit. Kein Richter der Welt würde Michas Eingebungen folgen. Es war unumgänglich, Beweise finden zu müssen. Aber es war so schwer, sich das einzugestehen.

Die Kommissare machten sich sofort auf den Weg zu Frau Becker. Als sie das Haus betraten, blieb Joschi stehen. »Was für ein erbärmlicher Gestank, findest du nicht?«

Micha rümpfte nur kurz die Nase. »Lass uns die Frau befragen.«

Frau Becker erkannte Micha sofort wieder und bat die Kommissare aufgeregt herein. Die Frau war verzweifelt und erzählte, dass Emmy Haitmann, so hieß die Vermisste, etwas zugestoßen sein musste.

»Wie kommen Sie darauf?«, fragte Joschi.

Frau Becker hatte im Handumdrehen Kaffee zubereitet und goss ungefragt die Tassen der Kommissare voll. »Ihr Kollege weiß ja schon, dass ich mich ein wenig um die Frauen kümmere. Es sind allesamt Gefallene und Verlassene. Nicht jede von ihnen ist zuverlässig, viele lügen und stehlen. Aber nicht Emmy!«

Joschi wog Verständnis signalisierend den Kopf. »Wann hatten Sie das letzte Mal Kontakt zu Frau Haitmann?«

»Gestern.«

Micha und Joschi tauschten einen skeptischen Blick. »Das klingt nicht ungewöhnlich. Frau Haitmann ist ein erwachsener Mensch. Vierundzwanzig Stunden ist keine Zeitspanne, die eine Vermisstensuche rechtfertigt.«

Frau Becker erhob sich energisch. »Sie hören nicht zu, Herr Kommissar. Ich sagte, dass Emmy anders ist. Emmy meldet sich jeden Tag bei mir. Ich bin wie eine Mutter für sie, verstehen Sie? Ich sage Ihnen: Da ist etwas passiert, das weiß ich.« Die Frau begann, zu weinen.

Joschi und Micha beruhigten Frau Becker und versicherten ihr, dass sie alles tun würden, um ihre Freundin zu finden. Sie baten Frau Becker um eine detaillierte Beschreibung von Emmy Haitmann und um Informationen über ihre letzten Aktivitäten. Dann verabschiedeten sie sich von der Dame.

Mit den Informationen im Gepäck machten sich die Kommissare wieder auf den Weg. Sie durchkämmten das Viertel rund um die Reeperbahn, befragten weitere Prostituierte und versuchten herauszufinden, ob jemand etwas über das Verschwinden von Emmy wusste. Micha war diese Recherche aus vollem Herzen recht. Joschi nicht. »Wir sollten uns nicht selbst verrücktmachen, Micha. Es ist völlig unklar, ob Emmy Haitmann wirklich verschwunden ist, und wenn ja, ob das in Zusammenhang mit einem Serienmord steht. Aber gut, wir sehen uns um, achten aber dabei auch auf Hinweise zu den Morden an Ali Yilmaz und dem schönen Hermann.«

»Einverstanden«, sprudelte Micha.

»Na, da bin ich ja zufrieden, dass du einverstanden bist.« Joschi lachte.

Sowohl der Fall mit dem Zuhälterkrieg als auch die Sache mit dem vermeintlichen Prostituiertenmörder gestaltete sich schwieriger als gedacht. Niemand schien Informationen zu haben oder etwas sagen zu wollen. Die Kommissare wussten, dass sie sich in einem zähen Dickicht aus Lügen, Verschleierung und Verbrechen bewegten.

Joschi und Micha beschlossen, einen anderen Ansatz zu wählen. Sie begannen, im Umfeld von Emmy zu ermitteln, suchten nach Familienangehörigen, Freunden oder Arbeitskolleginnen. Das Ergebnis war ernüchternd und erschreckend zugleich: Frau Becker schien die Einzige zu sein, die sich um Emmy Haitmann kümmerte.

Emmy Haitmann war eine einsame Seele, die niemand vermisste.

KAPITEL SECHZEHN

Ich war übermüdet, als ich zur Arbeit als Wachmann im Shell-Gebäude aufbrach. Nachdem ich zuvor unzählige Stunden damit verbracht hatte, Emmy zu ermorden und ihre Überreste zu entsorgen, hatte ich kaum geschlafen. Die anstrengende Arbeit, meinen Mord zu vertuschen, hatte mich enorme Kräfte gekostet.

Ich hoffte auf eine ruhige Schicht, in der ich zumindest ein paar Stunden Schlaf nachholen konnte. Doch das Schicksal schien es nicht gut mit mir zu meinen. Als ich meine erste Runde drehte, war noch alles ruhig. Ich ging in das Kellergeschoss, betrat den Raum, in dem die Spinde für uns Wachmänner standen, und legte mich auf die ausrangierte Erste-Hilfe-Liege. Kaum hatte ich die Augen geschlossen, wurden meine Ohren von lauten

Geräuschen und Jubelschreien erschüttert. Jemand war im Gebäude! Ich sprang auf, setzte meine Dienstmütze auf und zog meine Gaspistole. So schnell ich konnte, rannte ich die Stufen empor ins Erdgeschoss. Von dort her, aus der großen Halle, kamen die Geräusche. Je mehr ich mich näherte, desto lauter hörte ich das Geschrei. Es war eine Mischung aus synchronen Protestrufen gegen Atomkraft und Lachanfällen. Als ich die Einbrecher erblickte, stieg die Wut in mir auf. Sie hatten Farbbeutel gegen die Wände in der Vorhalle geworfen und tanzten aberwitzig umher. Vermutlich waren sie besoffen. Ich zog meine Gaspistole. »He, stehen bleiben!«, brüllte ich. Drei Jungs und ein Mädchen erstarrten abrupt und schauten erschreckt zu mir. Ich stob auf sie zu. »Stehen bleiben«, wiederholte ich, was bescheuert war, weil sie ja schon standen. Ich war aufgebracht, diese Störung konnte ich nicht tolerieren. Plötzlich rannten sie so schnell, dass ich ihnen kaum noch folgen konnte. Es war frustrierend, aber ich war wild entschlossen, sie dingfest zu machen und zur Rechenschaft zu ziehen.

Mein Herz wummerte mir bis in den Hals und der Abstand wurde immer größer. Ich gab meine Jagd innerlich bereits auf, als das Mädchen stürzte und am Boden liegenblieb. Die drei Jungs rannten weiter, ohne nach ihrer Kameradin zu sehen. Ich hatte sie erwischt und das war alles, was in diesem Moment zählte.

Als ich nahe bei ihr war, spürte ich eine Mischung aus Erleichterung und Gier. Ihr entgegenströmender Duft, der mich in eine andere Welt zu entführen schien, ließ mein Wasser im Munde zusammenlaufen. Ich konnte nicht anders, ich musste sie berühren, packte sie am Arm und zerrte sie auf die Beine.

»So ›Frollein‹. Mitkommen!«, befahl ich und schob sie vor mir her. Sie humpelte, verzog aber keine Miene. Ihr Geruch, ihre Nähe und ihr dünner fester Arm in meiner Hand erregten mich. Im Erdgeschoss befand sich ein Raum, in dem sich die Putzfrauen umzogen. Dort schob ich sie hinein. Unter dem Vorwand, sie durchsuchen zu müssen, legte ich meine Hände sanft auf ihren Körper. »Wollen wir doch erst einmal sehen, ob du Waffen dabei hast.« Ich öffnete ihre Jacke, drehte sie mit dem Rücken zu mir. »Hände auf den Tisch und Beine auseinander.« Das hatte ich in einem Film gesehen. Bei den Worten *Beine auseinander* wurde mein Schwanz steif. Sie tat brav, was ich befahl. Der ›General‹ erwachte in mir. Ich tastete an ihren engen Jeans entlang, erst die Außenschenkel herunter, dann die Innenschenkel wieder herauf. Offensichtlich fühlte sie sich unwohl, sie wollte sich umdrehen. »Stehenbleiben!«, blaffte ich laut. Abermals gehorchte sie. Nun zitterte sie. Sie war vielleicht vierzehn. Ich schob meine Hände unter ihren Pullover, ihre Haut fühlte sich so fest und glatt an, und ich konnte förmlich ihre pulsierende Energie spüren. Ihr Körper war feucht geschwitzt. Während meine linke Hand an ihrer Taille ruhte, glitt die andere höher. Sie trug keinen BH, hatte aber auch erst ganz winzige Tittchen. Es war ein Rausch, der meinen ganzen Körper ergriff und mich regelrecht betäubte. Ich war entschlossen, ihre Hose herunterzureißen und sie zu vergewaltigen.

Doch plötzlich wurde die sündige Stille durch das Geheul eines Martinshorns durchbrochen. Verdammt! Jemand hatte die Randalierer bemerkt und die Polizei geholt oder die Alarmanlage hatte die Bullen auf den Plan gerufen. Ich konnte nicht riskieren, dass jemand auf mich und meinen kleinen *Fang* aufmerksam wurde. Panik ergriff mich und ich versuchte, mich unauffällig von dem Mädchen zu lösen.

»Polizei«, hörte ich das Echo eines Mannes aus der großen Vorhalle.

»Hier!«, brüllte sie. »Hilfe!«

Ich erstarrte vor Schreck. Doch bevor ich die Gelegenheit hatte, ihr das Maul zu verbieten, stürmten zwei Polizisten mit vorgehaltenen Pistolen in den Umkleideraum.

»Der Kerl hat mich befummelt«, sagte sie entrüstet. Der Zorn in ihren Augen drohte mich zu verschlingen, aber ich ließ mich nicht so leicht aus der Fassung bringen.

»Die habe ich festhalten können«, sagte ich lässig. »Ihre drei Komplizen sind getürmt.«

Die Polizisten steckten die Waffen weg. Ich wusste genau, wie ich mit solchen Situationen umgehen musste. Mit ruhiger Stimme erklärte ich den Polizisten, dass ich lediglich meinen Job gemacht und versucht hatte, die Randalierenden aufzuhalten. Natürlich ließ ich den Teil mit meiner kleinen *Untersuchung* des Mädchens weg. Man musste ja nicht gleich alles erzählen.

Zum Glück schien mir die Polizei eher zu glauben als der aufgebrachten Randaliererin. Schließlich war ich ein Sicherheitsmann und sie lediglich ein jugendlicher Störenfried. Ich konnte mir ein Grinsen nicht verkneifen, als sie schließlich abgeführt wurde. Wem glaubt man wohl mehr, einer Randaliererin oder einem Sicherheitsmann? Haha.

Nachdem die Polizisten meine Aussage aufgenommen hatten, fuhren sie mit der Kleinen davon und ich konnte endlich erneut die Stille der Nacht genießen. Der geplatzte Plan, noch etwas Schlaf zu bekommen, ärgerte mich zwar, aber es war besser, als aufzufliegen.

Langsam kehrte ich in das Shell-Gebäude zurück und ging noch einmal in den Umkleideraum. Mein Herz raste sofort wieder vor Aufregung, denn der Geruch der Kleinen schien in der Luft zu schweben. Ich ging zu der Stelle, an der sie gestanden hatte, zog meine Hose herunter und onanierte zwei Mal.

Für den Rest der Nacht war nicht mehr an Schlaf zu denken. Kurz nachdem die Polizisten fortgegangen waren, weckte mich ein dröhnendes Klopfen. Es kam von der gläsernen Eingangstür des Gebäudes. Mir rutschte vor Schreck das Herz in die Hose. Vorsichtig ging ich dort hin. Draußen standen zwei junge Männer – helle Jeans, schwarze Lederjacke, dunkle Sportschuhe – ich erkannte sie sofort als Zivilbullen und öffnete.

»Herr Haack?«

»Ja?«

»Mein Name ist Gunter Westphal, das ist mein Kollege Wolfgang Görgens.« Beide zogen ihre Dienstmarken an Ketten aus den Hosentaschen und steckten sie gleich darauf wieder ein. »Wir sind von der Kriminalpolizei. Unsere Kollegen vom Streifendienst haben uns informiert, dass es heute einen Zwischenfall gab.«

»Ja, das ist richtig.« Stolz durchfuhr mich. Wir waren so etwas, wie Kollegen. Ich streckte meine Hand entgegen »Kommt rein, Kollegen.«

Gunter, der Ältere von beiden, ging zuerst an mir vorbei, ohne meine Hand zu nehmen. Ich sah ihm hinterher. Dann ging auch der andere an mir vorbei, hinein ins Gebäude.

Ich schloss ab, eilte voraus und deutete auf die Farbspritzer an den Wänden. »Sehen Sie sich die Sauerei nur mal an. Was haben die Lauser nur im Kopf?«

Die Kriminalisten sahen beiläufig dort hin, wandten sich dann wieder mir zu. »Ja, die Kollegen haben alles in ihrem Bericht aufgenommen. Sagen Sie, Herr Haack, wie sind die Täter eigentlich ins Gebäude gekommen? Die Tür weist keinerlei Beschädigungen auf.«

Mir wurde plötzlich heiß und ich begann zu schwitzen. Es gab nur eine Antwort auf diese Frage: Ich musste vergessen haben, die Eingangstür zu kontrollieren. »Na, das weiß ich doch nicht. Ihr seid doch die Spezialisten für so was. Ich kann nur so viel sagen: Der eine von denen sah aus wie ein Türke. Das kennt man ja, die klauen doch ständig und brechen ein. Das liegt denen im Blut.«

Einer der Bullen sog tief Luft ein. Der andere befragte mich weiter. »Das haben Sie den Kollegen vorhin aber nicht zu Protokoll gegeben.«

Ich wischte mit dem zu langen Jackenärmel über meine Stirn. »Ich weiß ja nicht, wie oft Sie so überfallen werden. Bei mir kommt es zum Glück nicht so häufig vor, dass ich Übung darin hätte, mir jede Kleinigkeit zu merken.« Ich wurde lauter. »Ich bin ein redlicher Mann, der hier seine Arbeit macht. Nicht ich bin der Täter, sondern dieses Pack. Anstatt mich zu befragen, sollten Sie sich lieber auf die Suche nach den Randalierern machen. Und jetzt entschuldigen Sie mich bitte. Meine nächste Kontrollrunde ist dran.« Ich geleitete die beiden zum Ausgang. Als sie schon vor der Tür standen, drehte einer der beiden sich abrupt zu mir um. »Eine Sache noch, Herr Haack.«

»Ja?«

»Im Protokoll steht, dass Sie das Mädchen unangemessen berührt haben.« Bevor ich protestieren konnte, würgte er mir das Wort im Munde ab, indem er mir seine Handfläche entgegenstreckte und weiterredete. »Wir nehmen solche Hinweise sehr ernst. Seien Sie künftig zurückhaltender.«

Der Bulle fixierte mich, ich bekam kaum Luft. Wütend ließ ich die Tür ins Schloss krachen und schloss demonstrativ hinter ihnen ab. Ohne mich noch mal nach ihnen umzudrehen, ging ich zu der Rolltreppe und ließ mich ins erste Geschoss fahren. Ziellos und voller Wut lief ich dort durch die Gänge. Scheiß Bullen!

KAPITEL SIEBZEHN

Joschi und Micha standen wie auf Kohlen am Fenster und warteten. »Da kommen sie«, schoss Joschi hervor und zeigte auf den flachsgelben Passat Kombi, der unten auf den Hof des Polizeigeländes fuhr. Kurz darauf betraten die Kollegen Gunter Westphal und Wolfgang Görgens das Büro von Joschi und Micha. Joschi stürmte ihnen sofort entgegen. »Und? Habt ihr ihm Feuer unterm Arsch machen können?«

Grinsend zündete Gunther sich eine Zigarette an und zog genüsslich daran.

»Mensch, jetzt mach es doch nicht so spannend«, drängte Joschi.

Gunter machte sich einen Spaß daraus, ihn noch ein wenig auf die Folter zu spannen. »Sind wir uns einig, dass du gerade die besten Kollegen dieses ganzen verkackten Polizeiapparates in deinem Büro stehen hast?«

Die Männer lachten. »Ich gehe gleich mit dir in die Boxhalle, dann wirst du schmecken können, was ich dazu zu sagen habe.« Joschi klatschte Gunter auf die Schulter. »Los, erzähl schon, du alter Haudegen, wie hat Haack reagiert?«

Gunters Gesicht wurde förmlicher. »Der Kerl hat es faustdick hinter den Ohren, so viel steht für mich fest. Der hat geschwitzt, wie ein Schwein, als ich ihn darauf angesprochen habe, ob der vergessen hat, die Tür ordnungsgemäß zu verriegeln.«

»Schön und gut. Aber das hilft nicht wirklich weiter«, nörgelte Joschi.

»Warte erst mal ab, was ich noch zu erzählen habe. Die Kollegen von der Streife haben die Aussage eine der Gören aufgenommen. Demnach soll Haack sie belästigt haben.«

Joschi schlug mit der Faust in die Hand. »Das passt. Es ist zwar kein Beweis, aber es passt ins Bild. Und konntest du Haack den Eindruck vermitteln, dass du ihn im Auge behältst?«

»Ganz sicher. So nervös, wie der war, hat er es geschluckt.«

»Klasse. Wenn er sich beobachtet fühlt, sind die Chancen größer, dass er von seiner nächsten Tat absieht, und wir haben mehr Zeit gewonnen.« Aber mals klopfte Joschi auf Gunters Schulter. »Danke. Ich schulde dir was, Kumpel.«

Gunter hob sein Kinn, grinste und strich sich mit den Fingern demonstrativ über die Kehle. »Du weißt ja, was ich gern trinke.«

KAPITEL ACHTZEHN

Ich hatte endlich diese entsetzliche Nachtschicht im Shell-Gebäude hinter mir. Es war eine der unruhigsten Nächte, die ich je erlebt hatte. Natürlich hatte ich diese Bande gestellt, ich bin schließlich für Ordnung und Sicherheit zuständig. Das waren vielleicht feige Schweine, sind einfach abgehauen und haben das Mädchen allein zurückgelassen. Aber so konnte ich sie ungestört durchsuchen, haha. Wenn ich daran zurückdenke, wie sich die Haut dieses Mädchens angefühlt hat, bekomme ich glatt wieder einen Ständer. Wären die Bullen mir nicht in die Quere gekommen, hätte ich sie gnadenlos durchgefickt. Ich hätte sie dann wegmachen müssen, denn sie konnte ihr Maul ja schon nicht halten, obwohl gar nichts passiert ist.

Meine Laune war auf dem Tiefpunkt angelangt,

als ich endlich den Heimweg antreten konnte. Es war schon früh am Morgen, eine frische Brise wehte durch die Straßen und der Berufsverkehr war bereits im Gange. Ich wählte wie immer die abgelegenen Straßen, auch wenn mein Heimweg dadurch länger war. Ich ging den Menschen aus dem Weg, um mir ihre Blicke oder beleidigenden Kommentare zu ersparen.

Doch plötzlich tauchten die Jugendlichen wieder auf, die zuvor das Shell-Gebäude aufgemischt hatten. Sie umzingelten mich und begannen mich zu schubsen. »Ist er das?«, fragte der Größte von ihnen. Ich erkannte das Mädchen wieder, sie stellte sich nahe vor mich und sah mich hasserfüllt an. Ich senkte meinen Blick. Die Jungs kamen näher. Meine Beine begannen, zu zittern, ich bekam kein Wort heraus.

»Der alte Wichser hat mich befummelt!« Das Mädchen gab mir einen Schlag in die Magengrube, sodass mir die Luft wegblieb. Sofort darauf verpasste der Große mir mehrere Schläge ins Gesicht. Wumm! Wumm! Bamm! Ich fiel hintenüber zu Boden, Blut quoll aus meinem Mund und lief mir warm übers Gesicht. Dann halfen die beiden anderen Jungs und schlugen auch auf mich ein. Mit ihren brutalen Schlägen trafen sie mein Gesicht und meinen Körper. Ich versuchte, mich zu schützen, doch es war aussichtslos. Wumm! Bamm! Bamm! Helle Lichtpunkte blitzten bei jedem

Treffer vor meinen Augen auf und der Geschmack der Schläge wand sich bis in meine Nase.

»Aufhören! Sofort! Polizei!«, hörte ich eine Stimme. Als die Schläge abbrachen, lag ich noch für Sekunden zusammengekauert am Boden.

»Herr Haack, ist alles okay mit Ihnen?« Ich lugte hinter meiner Deckung hervor, erkannte verschwommen einen der beiden Bullen, die nachts zu mir ins Shell-Gebäude gekommen waren. »Kommen Sie, wir bringen Sie in ein Krankenhaus«, sagte er und half mir, aufzustehen. Inzwischen war der zweite Bulle bei mir. Er blieb zwei Schritte vor mir stehen und sah mich nur an.

»Es geht schon«, blaffte ich. Auf keinen Fall wollte ich mich in ein Krankenhaus bringen lassen, schon gar nicht von den beiden Affen.

»Aber Ihre Verletzungen sehen übel aus. Es wäre besser, wenn wir Sie ...«

»Lassen Sie mich los!«, brüllte ich. Der Bulle nahm augenblicklich seine Finger von mir.

»Was machen Sie überhaupt hier? Wieso laufen Sie nicht diesem Pack hinterher, anstatt mir Vorschriften zu machen?«

»Vielleicht war es ja Ihr Glück, dass wir uns gerade nach der Bande umgesehen haben. So konnten wir Sie davor bewahren, weiter zusammen-geschlagen zu werden. Möchten Sie Anzeige erstatten?«

»Nein! Ich will jetzt einfach nur nach Hause.

Hauen Sie ab.« Ich eilte davon, nur weg, von den Bullen. Alles tat mir weh, mein Kopf dröhnte und zu allem Übel waren zwei Schneidezähne abgebrochen. Ohnehin fehlten mir seit dem Autounfall bereits einige Zähne und nun waren meine vorderen Schneidezähne futsch. Eine Platzwunde an der Braue blutete außerdem stark.

Humpelnd und völlig benommen schaffte ich es schließlich nach Hause. Ich versuchte, notdürftig meine Wunden zu versorgen, doch es half alles nichts. Mein Spiegelbild bot ein Bild des Grauens. Es war ein Anblick des Jammers – blutende Wunden, fehlende Zähne und eine üble Laune.

Entschlossen, meine Sorgen zu ertränken, machte ich mich auf den Weg zum »Goldenen Handschuh«, dem perfekten Ort, um in der Vergessenheit zu versinken.

An der Bar bestellte ich mir schnell eine Fanta-Korn. Das Zeug schmeckte mir an diesem Tag nicht, aber es betäubte meine Sinne und das war alles, was ich in diesem Moment wollte. Die Kneipe war voller Gestalten, die, wie ich, versuchten, ihre Sorgen zu ertränken. Die Frauen, die dort saßen, gafften mich entsetzt an und wendeten sich dann rasch ab. Kein Wunder, ich sah ja aus, als hätte mich jemand durch den Fleischwolf gedreht.

Ich trank und trank, bis ich kaum noch geradestehen konnte. Die Kneipe drehte sich um mich herum und ich lallte vor mich hin. Der Alkohol hatte die Schmerzen vorübergehend betäubt, doch es war nur eine trügerische Ruhe. Ich verließ den »Goldenen Handschuh« und schlurfte völlig besoffen nach Hause. Dort angekommen, taumelte ich ins Badezimmer und starrte in den Spiegel. Mein Gesicht war entstellt, die Wunden bluteten weiterhin und mein Mund war eine einzige schmerzende Lücke, wo einst meine Zähne gewesen waren. Ich fühlte mich wie ein Wrack.

Mit letzter Kraft spülte ich diesen Tag im Klo herunter. Er sollte für immer verschwinden – die Schande, die Schmerzen, die Demütigung. Doch es war nur ein kurzer Moment des Trostes. Denn am nächsten Morgen würde der Spiegel mich erneut daran erinnern, was mir widerfahren war.

Ich war es leid, immer das Opfer zu sein. Es musste endlich eine Veränderung her. Und wenn ich sie erzwingen musste.

KAPITEL NEUNZEHN

Joschi und Micha hatten alle Hände voll zu tun. Sie waren sich einig, dass es mit dem Bandenkrieg auf der Reeperbahn so nicht weitergehen konnte. Der Fall Ali Yilmaz und der mysteriöse Mord an dem schönen Hermann ließen erahnen, welche Entwicklung bevorstand. Und sie hatten bisher nichts Greifbares. Es war höchste Zeit, dass sich das änderte.

Die beiden Kriminalkommissare setzten sich zusammen und gingen die Fakten noch einmal durch. Ali Yilmaz war bisher unauffällig gewesen. Er stand wahrscheinlich mit der neuen konkurrierenden türkischen Gang in Verbindung. Aber das war auch nur eine nahe liegende Annahme.

»Ein zufälliger Mord war es jedenfalls nicht. Das

hübsche Loch zwischen seinen Augen war Maßarbeit und spricht eine klare Sprache.«

»Das sehe ich auch so«, erwiderte Micha. »Du solltest dich mit dem Gedanken vertraut machen, dass dein Freund der ›König‹ seinen privaten Feldzug beginnt.«

Joschi winkte unwirsch ab. »Du verstehst nicht, wie das hier funktioniert, Micha. Wenn der ›König‹ mir sagt, dass er nichts damit zu tun hat, dann war er es auch nicht.«

»Pff!«, zischte Micha. »Als ob man solchen Leuten trauen könnte.«

»Ich kenne ihn eine Ewigkeit. Er hätte sich anders ausgedrückt, hätte sich irgendwie herausgewunden, das Thema gewechselt, so was in der Art. Außerdem: Wenn der Mord an Ali Yilmaz auf das Konto des »Königs‹ ginge, hätte man doch ihn oder einen seiner Leute aus Rache abgemurkst. Stattdessen musste aber der schöne Hermann dran glauben. Hermann – der einer von Türken-Ralles Leuten war und mit dem ›König‹ nichts am Hut hatte.«

Der Mord an Hermann war genauso rätselhaft. Hermann war ein Mädchenhändler und Drogendealer, der mit Ralf Weiss, genannt Türken-Ralle, zusammenarbeitete. Doch jemand hatte ihn gekidnappt, gefoltert und schließlich ermordet. Die

Täter schienen keine Angst davor zu haben, entdeckt zu werden, denn sie hatten Hermann öffentlich zur Schau gestellt. Sein verstümmelter Körper war wie ein Symbol platziert worden, wie eine Warnung für die unbekannten Rivalen.

»Wir müssen unbedingt eine Verbindung zwischen Ali Yilmaz und Hermann finden«, sagte Joschi entschlossen. »Vielleicht hatten sie beide etwas gesehen oder kannten Informationen, die jemanden gefährdeten.«

Micha stimmte ihm zu und schlug vor, noch einmal mit Leuten aus dem Umfeld von Ali Yilmaz und dem schönen Hermann zu sprechen. »Wir müssen mehr Präsenz zeigen, herumstochern, Fragen stellen. Unsere Freunde vom Kiez müssen spüren, dass wir ihnen auf den Fersen sind.«

Sie machten sich sofort auf den Weg ins Hafenviertel von Hamburg, wo sich die Hauptquartiere der Gangs befanden.

* * *

Joschi hievte sich auf den Beifahrersitz als er und Micha das Gespräch mit Renate Sieg beendet hatten. Er wirkte angespannt. »Fadi. Noch ein neuer Name«, schnaufte er. Der Name Fadi war bei einem Gespräch mit der Informantin gefallen.

»Deine Informantin ist eine hübsche Frau.«

Joschi wandte den Blick langsam zu seinem

jüngeren Kollegen. »Hast du jetzt einen Mutterkomplex?«

Micha ließ sich nicht beirren. »Ihr wirktet sehr vertraut«, stocherte er nach.

»Vertrauen ist eine Grundlage für Kontakte zu Informanten. Ich kenne Reni schon eine Ewigkeit.«

»Reni?«

»Renate Sieg. Ist vor Jahren auf die schiefe Bahn geraten, hatte den falschen Kerl.«

Micha blieb neugierig. »Einen Spitznamen gibt man doch eigentlich nur Menschen, die man besonders gut kennt ...«

»Höre auf, in meinem Leben herumzustochern, Grünschnabel. Ja, wir hatten mal was und nein, das beeinträchtigt meine Arbeit nicht!« Joschi zündete sich eine Zigarette an. »Wir fahren zu diesem Fadi und sehen uns den Kerl aus der Nähe an. Es ist Tradition, dass ich ankommende Familienmitglieder der Reeperbahn persönlich begrüße. Da will ich doch den guten Fadi nicht enttäuschen.«

Joschi und Micha hielten vor dem ›Dollhouse‹, stiegen aus ihrem Passat und erkannten den Türsteher sofort als Fadi. Er war ein bulliger Mann mit markanten Tattoos, der ihnen misstrauisch gegenüberstand. Micha war unbehaglich unter dem glutäugigen Blick des Türken, Joschi wirkte unbeeindruckt. »Fadi?«, fragte er, dem Blick standhaltend. Der Mann zuckte mit keiner Wimper, warf einen kurzen Blick zum Dienstwagen und hob überheblich sein Kinn. »Haben die Herren Kommissare besondere Wünsche?« Er grinste breit.

»Willkommen in meinem Bezirk, Fadi. Ich wollte, dass du das Gesicht des Mannes kennst, der dir den Arsch aufreißt, wenn du hier Scheiße abziehst.«

Noch immer fixierten sich die Männer, Micha bibberte innerlich. Plötzlich machte Fadi ein freundliches Gesicht und reichte Joschi die Hand.

Joschi und Fadi tauschten kurz die üblichen Floskeln und Gebärden aus. Micha hatte einmal mehr den Eindruck, dass Joschi schon immer zum Kiez gehörte. Nach einem kurzen Gespräch wurde deutlich, dass Fadi ebenfalls auf Rache sann. Ali Yilmaz und er waren wie Brüder gewesen und Fadi hatte geschworen, den Mörder zu finden. Fadi erzählte den beiden Kommissaren von einer neuen Gang, die sich angeblich in den letzten Monaten in der Gegend breitgemacht hatte. Diese Gang, die sich selbst ›Die Viper‹ nannte, war besonders brutal und skrupellos. Fadi hatte gehört, dass sie für den Tod von Ali Yilmaz verantwortlich sein sollen. Doch auch Fadi kannte den genauen Zusammenhang nicht.

Joschi und Micha verabschiedeten sich von Fadi

und machten sich auf den Weg, um weitere Ermittlungen anzustellen. »Viper – davon habe ich noch nichts gehört«, meckerte Joschi. »Das hatten wir schon einmal, als die Bandidos sich hier angemeldet haben.«

»Bandidos?«

»Ein junger Motorradklub, der den Hells Angels Konkurrenz macht. Damals gab es auch haufenweise Herumgeballere und Messerstechereien. Der ›König‹ hat die Angelegenheit damals erledigt.«

»Erledigt«, spottete Micha. »Ich kann mir gut vorstellen, was darunter zu verstehen war.«

Joschi schüttelte energisch den Kopf. »Das war eine verdammt harte Zeit. Der ›König‹, hinter dem die Hells Angels stehen, hat damals Friedensverhandlungen geführt und bewirkt, dass die Bandidos einen Teil des Kuchens abbekommen. Seitdem herrscht Waffenstillstand zwischen den Hells und den Bandidos.«

Micha kratzte sich den Hinterkopf. »Wo bin ich da bloß reingeraten?«

»Hättest ja was Vernünftiges lernen können«, frotzelte Joschi und klopfte seinem jüngeren Kollegen auf die Schulter. Sie stiegen in ihren Passat. Zumindest hatten sie einen neuen Ansatzpunkt, auch wenn die Informationen noch vage waren, und niemand wusste, welchen Wahrheitsgehalt sie enthielten. Sie kannten Fadi noch nicht gut genug, um einschätzen zu können, ob der die Wahrheit gesagt hatte. Ebenso gut hätte er mit einer gezielten Falschinformation seine eigenen Ziele verfolgen können. Sie mussten herausfinden, ob es diese geheimnisvolle Gang Viper wirklich gab und wer hinter dieser stand.

Joschi und Micha zapften alle Kanäle an: Ausländerpolizei, Zoll, Grenzschutz, Verfassungsschutz und die Abteilung Rockerkriminalität – wirklich alle Quellen. Es hatte sich gelohnt. Die Viper gab es tatsächlich. Eine Gruppierung des Gremium MC, eines wiederum neu aufkommenden Motorradklubs, der seine Gewaltbereitschaft noch weiter steigerte, als die Hells und die Bandidos. »Schwere Zeiten für den ›König‹, knurrte Joschi nachdenklich.

Während ihrer Ermittlungen stießen Joschi und Micha auf Hinweise, dass die Viper-Gang in Verbindung mit einem internationalen Mädchenhändlerring stand. Dieser Ring hatte seine Finger in zahlreichen illegalen Geschäften, darunter auch Drogenhandel und Prostitution. Das Übliche. Die Viper-Gang war nur ein kleines Rad im großen Getriebe dieser Organisation. Umso gefährlicher waren solche Gruppierungen, die sich mit aller Gewalt einen Namen machen wollten und sich ihren Platz zu sichern suchten.

Langsam begannen sich die Puzzlestücke zusammenzufügen, doch Joschi und Micha waren sich bewusst, dass sie immer noch weit von der Lösung des Falls entfernt waren. Sie hatten Namen, doch diese waren nur Pseudonyme oder Decknamen. Die Mörder von Ali Yilmaz und dem schönen Hermann waren noch immer unbekannt.

In den folgenden Wochen gelang es den beiden Kommissaren, immer mehr Informationen über die Viper-Gang und den Mädchenhändlerring zu sammeln. Sie setzten verdeckte Ermittler ein und führten Razzien in einschlägigen Lokalitäten durch. Doch die Drahtzieher entzogen sich immer wieder geschickt ihrer Verhaftung. Währenddessen verschärfte sich der Bandenkrieg auf der Reeperbahn weiter. Es kam vermehrt zu Überfällen, Schießereien und brutalen Auseinandersetzungen zwischen den Gangs. Die Stimmung war angespannt und jederzeit konnte sich die Situation noch weiter zuspitzen.

Joschi und Micha gaben nicht auf. Sie arbeiteten rund um die Uhr, um die Hintermänner der Viper zu fassen.

Karl-Heinz Haack war beinahe in Vergessenheit geraten. Doch das sollte sich bald ändern.

KAPITEL ZWANZIG

Als ich den »Goldenen Handschuh« verließ, in dem ich mich nach dem Übergriff der Jugendlichen betrunken hatte, war ich völlig fertig. Mein Gesicht schmerzte von den Schlägen und der Verlust meiner beiden Schneidezähne verstärkte noch mein Gefühl der Erniedrigung. Doch diese Demütigung sollte nicht ungesühnt bleiben. Ich hatte es satt, mich immerfort unterdrücken zu lassen. Die Zeit der Untätigkeit war vorbei, ab jetzt würde ich mir nehmen, was ich wollte. Ich würde keine Rücksicht mehr auf andere nehmen, keine Angst mehr haben. Mir war klar geworden, dass ich die Kontrolle über mein eigenes Leben haben musste. Und wenn das bedeutete, dass ich zu drastischen Maßnahmen greifen musste, dann würde ich das tun.

So kam es, dass ich auf der Suche nach einem neuen Opfer auf Hanna Giebel stieß. Sie war eine gealterte Prostituierte, trank viel und war untergewichtig. Außerdem hatte sie keine Zähne mehr. Diese Gemeinsamkeit ließ mich glauben, dass sie die richtige Wahl für meine Rache sein könnte. Ich lud sie ein, sie nahm dankend an und wenn wir uns anlächelten, hatten unsere zahnlosen Münder für den anderen etwas Vertrautes. Wir konnten lachen, ohne dass wir schief angeguckt wurden. Es dauerte nicht lange, bis Hanna und ich uns in meiner Wohnung wiederfanden. Der weitere Abend verlief zunächst genau nach Plan. Ich öffnete gut gelaunt die Tür meines Wohnzimmerschrankes, um stolz meine Batterie Kornflaschen zu präsentieren. Hanna reagierte, wie erwartet hocherfreut, wir lachten viel und tranken noch mehr. Ich hatte schon gedacht, dass mein Leben endlich eine Wendung nehmen würde.

Der Sex mit ihr war fantastisch. Endlich hatte ich eine Frau gefunden, die es verstand, meine Bedürfnisse zu befriedigen. Ich genoss es, die Kontrolle zu haben, mein Verlangen auszuleben und mich nicht mehr länger von der Gesellschaft unterdrücken zu lassen. Wir fickten fünf Mal, bis in die Nacht hinein.

Doch dann änderte sich plötzlich alles. Nach dem Sex nahm sie ungefragt eine neue Kornflasche aus dem Schrank. Ich ging ihr hinterher. »He!«, rief ich und riss die Pulle wütend aus ihrer Hand. »An meinem Schrank hast du nichts zu suchen, kapiert?« Ich stellte die Flasche zurück, verdrehte ihre Handgelenke, sodass sie vor mir kniete. Sie wehrte sich nicht, was augenblicklich ein erregendes Gefühl von Überlegenheit in mir entfachte. Ich hob mein Kinn, sah gönnerisch auf sie herab. »Ab sofort sagst du *Herr General* zu mir, verstanden?«

»Ja, ja, schon klar, Herr General. Und jetzt gib mir endlich was zu saufen, du Penner.«

Diese Beleidigung war wie ein Schlag ins Gesicht und kam so überraschend, dass ich nicht wusste, was ich sagen sollte. Sie erhob sich, nahm die Flasche erneut an sich, öffnete sie und nahm gluckernd einen langen Schluck. Dann rülpste sie und sah mich an. »Na, Herr General, hat es dir die Sprache verschlagen?« Sie sah sich angeekelt im Zimmer um und sog demonstrativ Luft ein. »Wonach stinkt es denn hier überhaupt? Das ist ja ekelhaft. Kannst du nicht sauber machen, wenn du Damenbesuch bekommst, du Sau?«

Ihre erneute Beleidigung trieb mir abermals das Hämmern meines Pulses in die Ohren. »Rede nicht so mit mir«, sagte ich leise, aber bestimmt.

Hanna nahm einen weiteren großzügigen Schluck, setzte die Flasche geräuschvoll ab und lachte. »Du Witzfigur!« Sie trank die Flasche beinahe aus und warf sie quer durch den Raum. Hätte ich nicht den Kopf eingezogen, wäre sie mir direkt ins Gesicht geflogen. »Du Penner! Was denkst du denn, wer du bist? *General*, dass ich nicht lache. Du bist eine hässliche Fotze, nichts anderes.« Sie torkelte zur Couch, fiel vornüber darauf und schlief. Ich schlich zu ihr, blickte an ihr entlang. In dieser Lebensphase der Befreiung schmerzten ihre Worte wie Messerstiche in meiner Seele. Mir brannten die Sicherungen durch. Ich ergriff eines der Kopfkissen, drückte es an ihren Hinterkopf und kniete mich rasch darauf. Hanna zappelte, versuchte, ihren Kopf hervorzubekommen, doch ich war stärker. Ich konnte ihre Schreie kaum hören, so sehr war ich in diesem Moment in meiner eigenen Rache gefangen. Ihre dünnen Arme wedelten blindlings umher, aber sie bewirkte damit rein gar nichts. Ihre knöcherne Hand drosch immer wieder gegen die Unterseite des Tisches, ihre dürren Beine zappelten hinter mir – ebenfalls ohne etwas auszurichten. Hanna so unter mir zu haben, gab mir tiefste Zufriedenheit und erregte mich gleichzeitig. Mein letzter Erguss lag Stunden zurück. Kurz überlegte ich, von ihr abzulassen, sie umzudrehen und sie noch einmal durchzunehmen.

Ich verlor wohl die Zeit bei diesem wohltuenden Unterfangen, denn plötzlich blieb sie reglos. Überrascht verharrte ich, lauschte und wartete, ob es eine Finte war. Aber dann fiel mir auf, dass ihr Körper eigenartig schlaff war. Sie atmete nicht mehr.

Ich riss das Kissen von ihr, erhob mich und drehte sie um. Ihre Augen standen weit offen, ihr Blick an die Decke gerichtet. Ich schlug ihr wutentbrannt ins Gesicht. »Du verdammte Schlampe! Das hast du doch mit Absicht gemacht. Ausgerechnet jetzt krepierst du, wo ich dich noch mal ficken wollte.« Ich hasste sie in diesem Augenblick abgrundtief, sie hatte mich beleidigt und gedemütigt und nun spielte sie mir auch noch diesen Streich. »Na warte!« Ich platzierte sie so auf der Couch, dass sie angelehnt saß und ihr Unterleib über die Sitzfläche ragte. Dann kniete ich mich davor, zerrte ihre Unterhose herunter und rammte mein Ding brutal in sie hinein. »Da hast du es!« Mit jedem Stoß beschimpfte ich sie erneut. »Du bist die Drecksau! Du bist das Schwein! Du Schlampe!« Dann spritzte ich ab, erhob mich, zog meine Hose hoch und ging in die Küche. Ich verspürte Hunger und Durst. Nach zwei Gläsern Wasser öffnete ich den Kühlschrank. Aus einer geöffneten Dose Heringe in Senfsoße quoll grüner Schimmel. Ich schloss die Kühlschranktür wieder. Zum Glück hatte ich noch weitere Fischkonserven. Den Rest der neu geöffneten Dose stellte ich in den Kühlschrank.

Im Wohnzimmer stemmte ich die Fäuste in die Hüften, sah mich um und nahm einen tiefen Atemzug. Hanna hatte in einem Punkt recht: Der Geruch, den Gerti und Emmy verströmten, war inzwischen unangenehm, obwohl ich die Ritzen der Luke mit Klebeband verschlossen hatte.

Als ich Hanna auf die Plastikplane gelegt und sie ausgezogen hatte, starrte ich sie an. Dieses verdammte Dreckstück hatte das Fass zum Überlaufen gebracht. Ich holte mit dem Fuß aus und trat in ihre Seite. Ihr hagerer Körper rutschte ein Stück von mir weg. Anstatt dass ich meine Wut an ihr ablassen konnte, steigerte sich mein Hass nur noch mehr. Weitere Tritte würden mir nur noch mehr Arbeit bereiten. Dieses verfluchte Weibsstück war auf der Welt gewesen, um mich, den ›General‹, zu demütigen. Gehetzt holte ich mein Werkzeug, mit dem ich Gerti und Emmy schon zerstückelt hatte. Aber als ich das Messer und den Fuchsschwanz in der Hand hielt, überkam mich ein unwiderstehlicher Drang. Ich ließ die Säge fallen, kniete mich neben sie und ergriff mit der linken Hand ihre knittrige und schlaffe Titte. Ich zog sie weg von ihren skelettartigen Körper und trennte mit schnellen Schnitten den Faltenbalg ab. »Das hast du verdient, du Drecksau!« Dann schlug ich ihr ihre eigene Titte wie einen nassen Lappen mehrmals ins Gesicht. Blut spritzte dabei umher, aber darum würde ich mich später kümmern. Mit der zweiten Titte machte ich es genauso. Dann klatschte ich ihr die Hautlappen auf ihre Hühnerbrust. »Wir sind noch nicht fertig, Schlampe!« Ich setzte das Messer wie in einem Rausch an ihre Nase und schnitt diese so weit ab, wie es ging. Den blutigen Nasenstummel legte ich arbeitsam auf die abgeschnittenen Brüste und öffnete ihren Mund, pulte nach ihrer Zunge und zog sie heraus, so lang es ging. Das Ding flutschte mir aus den Fingern und schnellte zurück in Hannas Schandmaul. Doch ich ließ mich nicht von ihr aufhalten und erhob mich entschlossen. Aus meiner Werkzeugkiste holte ich eine Zange und ging damit zurück zu Hanna. Abermals nahm ich ihre Zunge in die Finger. Dann griff ich mit der Zange zu und zog das Ding so weit heraus, dass der Kopf hinterherkam. Es sah ulkig aus. Ich lachte, setzte mit dem Messer an und nach einem energischen Schnitt hielt ich die Zunge in den Zangenklauen. Hannas Kopf drosch zurück auf den Boden. Ich warf die Zange hinter mich und klatschte die abgeschnittene Zunge zu den Titten und der Nase. Ohne Zögern ergriff ich ihr linkes Ohr, zog daran und schnitt es ab. Den Schnitt vollführte ich sehr sauber eng an der Kopfhaut entlang. Es ging erstaunlich leicht, ich freute mich auf das zweite Ohr. Beide Lauscher kamen zu Titten, Nase und Zunge auf Hannas Hühnerbrust. Die Lippen ließen sich ebenfalls leicht abschneiden, jedoch waren die Schnitte nicht so sauber wie an den Ohren. Zuletzt zog ich ihre Lider von den Augen weg und schnitt auch die ab.

Ein Glücksgefühl erfüllte mich, als ich mich erhob und auf Hanna hinabsah. Ich bekam einen

Lachkrampf, weil sie total bescheuert aussah. Ihre Augen starrten irrsinnig zu mir, ohne Nase und ohne Ohren sah sie aus, wie ein Totenkopf. Aber am schärfsten war das Maul: Ohne Lippen grinste mir ihre zahnlose Fresse entgegen, als würde sie sagen: »Oh. Oh Kalle, bitte fick mich noch einmal!«

Ich musste mich auf den Sessel fallen lassen, bis mein Lachkrampf wieder vorüber war.

Glibberig gewordenes Blut überschwemmte die Plastikfolie, auf der sie lag und ein widerwärtiger Geruch von Eisen und Gewalt erfüllte den Raum. Ich hatte Hanna für immer ihr zahnloses Schandmaul gestopft. Danach trennte ich Gliedmaßen und Kopf ab und packte die Teile in blaue Säcke. Genauso wie die anderen Opfer, verstaute ich sie in der Kammer unter der Dachtraufe. Doch der Platz hinter der Dachluke war inzwischen knapp geworden. Kurz überlegte ich, dann stopfte ich den Plastiksack mit Hannas Armen, Beinen und ihren Kopf zwischen die vorhandenen Plastiksäcke und Dachziegel. Den Sack mit ihrem dürren Körper ließ ich draußen. Beim Verschließen der Kammer entschied ich, WC-Steine zu besorgen. Die konnten den Gestank in den Pinkelbecken der Kneipe wegmachen, dann würden sie auch die Ausdünstungen der Weiber beseitigen können.

Den Müllsack mit Hannas Rumpf trug ich zu dem Gelände der stillgelegten Schokoladenfabrik. Dorthin, wo ich auch Gerti schon abgelegt hatte.

Ich fand die Stelle sofort wieder. Zu meinem Erstaunen war Gerti jedoch nicht mehr da. Ich warf Hanna an dieselbe Stelle und rannte zurück zur Wohnung. Dort angekommen, spürte ich eine seltsame Erleichterung. Die Rache hatte mir eine Befriedigung verschafft, die ich zuvor noch nie erlebt hatte. Endlich fühlte ich mich stark und mächtig. Ich hatte gezeigt, dass ich mich nicht mehr länger demütigen lassen würde. Doch das Verlangen nach weiterer Rache begann bereits in mir zu wachsen. Ich musste mich beherrschen, sonst würde ich mich selbst verlieren.

KAPITEL EINUNDZWANZIG

Joschi und Micha saßen in ihrem Büro über der Davidwache und gingen die aktuellen Fälle durch. Wie immer herrschte unten in der Wachstube reges Treiben, laute Beschimpfungen, dumpfe Geräusche und manchmal das schrille Geräusch einer Trillerpfeife drangen gedämpft in ihr Dienstzimmer. Ein ganz normaler Tag.

Plötzlich wurde ihre Bürotür aufgestoßen, ein uniformierter Kollege trat ein. »Joschi, unten ist eine Frau Sieg für dich.«

»Danke. Ich hole sie ab.« Joschi erhob sich eilig und folgte dem uniformierten Kollegen. Micha war gespannt, was die hübsche Renate Sieg – Reni, wie Joschi sie nannte – zu berichten hatte. Er schob die Papierstapel auf seinem Schreibtisch zusammen.

»Hereinspaziert, Reni.« Joschi bot ihr einen

Stuhl am Besprechungstisch an. Micha nahm die vorbereitete Thermoskanne und goss Kaffee in drei Tassen. Die Frau konzentrierte sich ausschließlich auf Joschi. Micha starrte sie unauffällig an. Sie trug ihr langes schwarzes Haar offen und sie hatte die Ausstrahlung einer Schauspielerin. Ihr Alter war schwer einzuschätzen, vielleicht fünfzig, sie war sehr schlank und vollbusig. Alles an ihr wirkte abenteuerlich anziehend. Micha stellte die Thermoskanne wieder auf den Tisch.

»Danke«, sagte sie und schenkte ihm ein kurzes Lächeln. Am faszinierendsten fand Micha ihre stahlblauen Augen und ihre vollen Lippen. Dann wandte sie sich sofort wieder Joschi zu und berichtete aufgeregt von dem heimlich belauschten Gespräch zwischen Türken-Ralle und Ecki. Joschi legte eine Hand auf ihre. »Ganz ruhig, Kleine.«

Reni nippte an dem Kaffe. »Ecki hatte eine blutende Verletzung am Körper und erzählte Ralle, dass Fadi ihn beschuldigt hat, Ali Yilmaz ermordet zu haben«, erklärte sie dann.

Joschi hörte aufmerksam zu, während er an seiner Zigarette sog. Das Puzzlestück, das Fadi geliefert hatte, gewann plötzlich an Bedeutung. Der Mord an Ali Yilmaz war ein Schlüsselereignis in dem Bandenkrieg, der die Reeperbahn in Atem hielt. »Was ist als Nächstes passiert?«, fragte Joschi und legte seine Zigarette in den Aschenbecher.

Reni atmete tief ein und versuchte, sich zu beruhigen, bevor sie fortfuhr. »Ralle ist ausgerastet. Er schrie: ›Sind die Türken jetzt bescheuert? Das können wir nicht durchgehen lassen. Los, knall ihn ab!«, berichtete sie mit zitternder Stimme. Joschi und Micha sahen sich an, ihre Gedanken der Gefahr bewusst, die nun drohte.

Micha horchte auf. »Sie haben also mit angehört, dass Türken-Ralle einen Befehl an Eckart Grützner erteilt hat, Fadi umzubringen?«

»Lass das!«, schritt Joschi sofort ein. »Reni wird auf keinen Fall offiziell in die Sache reingezogen.«

»Aber ...«

»Kein Aber«, würgte Joschi seinen Kollegen ab. So hatte Micha ihn noch nicht erlebt. Er schwieg. Joschi wandte sich an Reni. »Danke Reni. Aber halte dich ab jetzt etwas zurück, die Sache wird zu heiß. Wenn man dich erwischt hätte ... nicht auszudenken.«

»Ich bin nicht blöd, und du nicht mein Ehemann, Joschi«, entgegnete Reni keck, erhob sich, nahm noch einen schnellen Schluck aus der Tasse und wandte sich dann der Tür zu.

Joschi huschte hin und öffnete ihr die Tür. »Du weißt, wie ich das meine.« Seine Stimme war ungewöhnlich weich.

»Mach's gut, Großer.« Joschi sah ihr hinterher und schloss dann die Tür.

Seine ›*Achillesferse*‹, dachte Micha. Er verkniff sich, momentan Fragen zu stellen.

Joschi setzte sich wieder. »Scheiße«, sagte er gedankenversunken und zündete sich die nächste Zigarette an. Micha ließ seine Finger leise auf der Tischplatte tanzen. Die Worte von Renate Sieg hallten in Joschis und Michas Ohren wider. Sie gingen Renis Bericht noch einmal mit kritischen Blicken durch. Die Informationen, die sie bekommen hatten, waren brisant. Türken-Ralle plante einen Vergeltungsschlag. Das musste unbedingt verhindert werden.

»Wenn Ralle wirklich das tut, was er angekündigt hat, dann wird die Hölle los sein auf der Reeperbahn«, sagte Joschi ernst und rieb sich nachdenklich das Kinn.

Micha nickte zustimmend. »Das dürfen wir nicht zulassen. Wir müssen einen Weg finden, um Ralle aufzuhalten.«

Joschi blickte aus dem Fenster und versuchte, einen Plan zu schmieden. Noch immer gab es keine handfesten Beweise, wer an den Morden an Ali Yilmaz und dem schönen Hermann beteiligt war. Aber es war zu befürchten, dass es noch schlimmer kommen würde.

»Was denkst du?«, fragte Micha.

»Bisher haben sich die Kerle *nur* gegenseitig umgebracht. Aber jetzt wird es zivile Opfer geben.« Joschi fühlte sich bekümmert und wütend zugleich, als er an die unschuldigen Menschen dachte, die im vorherigen brutalen Bandenkrieg gestorben waren.

Micha rieb sich nachdenklich das Kinn. »Aber wir dürfen nicht zulassen, dass dieser Blutrausch weitergeht.« Joschi nickte zustimmend. »Ich weiß. Die Reeperbahn war schon immer ein gefährliches Pflaster, aber dieser Bandenkrieg hebt alles auf eine neue Ebene.«

Joschi war hin- und hergerissen, zwischen Verzweiflung und Entschlossenheit. Dieser Teufelskreis der Gewalt musste durchbrochen werden, und in seinen Gedanken formten sich bereits erste Ansätze für einen Plan. »Als Erstes müssen wir verhindern, dass Ecki loszieht und Fadi abmurkst. Und um die ganze Sache zu stoppen, gibt es nur einen Weg: Wir müssen die Schwachstellen finden und ausnutzen.«

Micha schnippte mit den Fingern. »Ich wüsste auch schon, wie wir das anstellen.«

Joschi sah ihn erstaunt an. »Lass hören.«

Micha ballte eine Faust. »Schwebe wie ein Schmetterling, stich wie eine Biene.«

Joschi lachte. »Ein schönes Muhammad-Ali-Zitat. Willst du die Ganoven alle einzeln zu einem Boxkampf herausfordern? Da freue ich mich jetzt schon drauf.«

»Natürlich nicht. Wir müssen sie infiltrieren, sie ausspionieren, ohne dass sie es merken, und zuschlagen, wenn sie am wenigsten damit rechnen. So gelangen wir an Insiderinformationen, können Geschäfte vereiteln und treffen sie damit an ihrer empfindlichsten Stelle: dem Geld. Jeder noch so kleine Sieg gegen sie ist ein Schlag ins Gesicht der Kriminellen. Das demoralisiert sie«, erklärte Micha mit fester Stimme.

Joschi sah seinen Partner an und wusste zuerst nicht, was er dazu sagen sollte. »Hm. Die Idee gefällt mir. Es wird nur eine Ewigkeit dauern, bis wir die Genehmigung für Undercovereinsätze bekommen.«

»Du bist doch mit Kriminalrat Dr. Lücke befreundet.«

Joschi rollte mit seinen knackenden Schultern. »Auf dem Ohr ist Martin taub. Es gab da mal so eine Sache ... na, egal. Jedenfalls müssen wir den offiziellen Weg gehen. Besser spät, als nie.«

»Vielleicht gibt es ja noch eine andere Möglichkeit«, gab sich Micha geheimniskrämerisch.

»Ist wohl heute dein Tag der guten Ideen, was? Schieß los, was hast du noch für einen klugen Einfall?«

»Reni.«

Stille.

»Sie hat doch sowieso schon spioniert. Und sie hat es gut gemacht.«

Joschi schnaufte. »Aber es ist verdammt gefährlich gewesen. Und wenn sie öfter herumschnüffelt, wächst die Gefahr, dass sie auffliegt. Sie ist doch keine professionelle Agentin.«

Sie schwiegen. Joschi ging haareraufend umher.

»Sie wäre verrückt genug, sich darauf einzulassen«, brabbelte er mehr zu sich selbst. Dann wandte er sich abrupt Micha zu. »Also gut. Ich rede mit ihr.«

»Klasse.«

»Aber ich werde sie zu nichts zwingen. Entweder, sie macht das freiwillig oder gar nicht.«

Sie sprachen es nicht aus. Aber beiden Ermittlern ging insgeheim der Arsch auf Grundeis, bei dem Gedanken, dass diese Sache schiefging. Dennoch gab es einen neuen Hoffnungsschimmer, endlich entscheidende Schritte voranzukommen. Mit etwas Glück würde Renis Einsatz den Ermittlungen neues Leben einhauchen und es würde herauskommen, wer wirklich hinter den Morden steckte. Nebenbei mussten sie den drohenden Vergeltungsschlag von Türken-Ralle verhindern und die Spirale der Gewalt unterbrechen. Es war eine verzwickte Lage. Aber sie hatten einen Plan.

* * *

Joschi musste Reni nicht lange bitten. Sie sagte sofort zu. Reni hätte ihm keinen Wunsch abgeschlagen. Genau das war der Grund, warum Joschi das niemals ausgenutzt hatte. Bis zu diesem Tag. Er fühlte sich erbärmlich.

Tage vergingen, Reni lieferte kleinere Informationen, sodass die Pinnwand im Büro von Joschi und Micha unaufhörlich mit weiteren Fotos und Post-it-Zetteln versehen wurde. Lange schon hatten die Kommissare nicht mehr einen solchen Elan verspürt. Sie arbeiteten bis zur Erschöpfung, doch es war ein positiver Stress, eine Anstrengung, die immer mehr Früchte trug. Tatsache war, dass Micha recht gehabt hatte und sie immer tiefer in die Welt der Kriminellen eindrangen.

Aber es war ein gefährlicher Tanz auf dem schmalen Grat zwischen Recht und Unrecht. Und die Angst um Reni schwebte wie ein Damoklesschwert über allem.

KAPITEL ZWEIUNDZWANZIG

Nach Hannas Zerstückelung durchströmte mich ein Gefühl der Erlösung. Es war eine Offenbarung gewesen, ich fühlte mich auf eine morbide Art und Weise stark. Mit bester Laune machte ich mich auf den Weg zum ›Goldenen Handschuh‹.

Mit jedem Schritt spürte ich noch immer die Schläge der Jugendlichen, die mich überfallen hatten. Ausgeschlagene Zähne und ein blaues Auge waren die letzten Überbleibsel dieser Nacht. Doch trotz der Schmerzen waren meine Zuversicht und Entschlossenheit ungebrochen. Der Weg lag vor mir, es war an der Zeit, den »Goldenen Handschuh« zu betreten.

Ich winkte dem Wirt Jonny kurz zu und ging zur Musikbox. Am liebsten mochte ich traurige Lieder von Freddy Quinn. An diesem Tag wollte ich aber etwas Lustiges hören und drückte G11. *Pack die Badehose ein* von Conny Froboess spielte auf. Ich setzte mich an meinen Platz am Tresen und summte ausgelassen mit. Jonny stellte meine Fanta-Korn vor mir auf dem Tresen ab.

»Prost«, sagte er und ging zu Heinz, der ihn zu sich winkte. Heinz war ein alter Kriegsveteran, ein Psycho, der so lange von seinen schrecklichen Erlebnissen erzählte, bis er völlig besoffen war und sein Kopf auf den Tresen klatschte. Neben ihm saß Erich, wie immer. Erich sabbelte schon wieder ohne Pause. Ich konnte Erich wegen seiner Quatscherei nicht leiden. Ich leerte mein Glas und stellte es weiter von mir weg – das Signal für Jonny, nachzuschenken. Ich rutschte auf dem Barhocker herum, sodass ich den Tresen im Rücken hatte und in den Raum schauen konnte. Neben den üblichen Pennern waren drei Weiber anwesend, die ich unauffällig ansah. In der Mitte des Raumes war eine kurze Trennwand, die als Garderobe diente. Diese Ecke mit dem Zweiertisch war Wallys Stammplatz. Da saß die Witwe auch an diesem Tag wieder. Wie eine Spinne im Netz lauerte sie auf ihr heutiges Opfer. Wally bumste mit jedem. Außer mit mir. Diese Schlampe. Wenn ich sie in meine Bude locken könnte, würde ich sie genüsslich zerlegen. Bei dem Gedanken regte es sich in meiner Hose.

Ich wandte mich um und nahm einen großen

Schluck. Die beiden anderen Schnepfen wollte ich gar nicht weiter angaffen. Lydia wollte keiner, sie war Jüdin und sie soll eigenartige Krankheiten gehabt haben und Eva sollte mir bloß vom Leib bleiben. Eva gab ihrem Alten Schlaftabletten, damit sie sich rumtreiben kann. Wer wusste schon, was die mir geben würde, wenn ich sie mit nach Hause nahm.

Elly betrat die Kneipe und grüßte laut. Sie war schon ziemlich voll, hoffentlich singt sie heute nicht wieder falsch zur Musik. Ich sah lieber nicht zu ihr, Elly schlug schnell zu, wenn sie schlechte Laune hatte. Das waren die Stammgäste, die an diesem Tag im ›Goldenen Handschuh‹ herumhingen.

Es war trotz allem ein fröhlicher Tag, an dem mich nichts zu stören schien. Ich war in bester Stimmung, dank der Fanta mit Korn.

Nachdem ich vier Gläser intus hatte, überkam mich mein Trieb und ich ließ meinen Blick abermals über die Gäste schweifen, auf der Suche nach einem potenziellen Fick. Ich betrachtete die Witwe Wally, die in ihrer dunklen Ecke saß und soff. Sie hatte an diesem Abend noch keinen Kerl gefunden, weshalb ich beschloss, mein Glück zu versuchen, und ging auf sie zu.

»Darf ich mich zu dir setzen, schöne Frau?«, fragte ich höflich. Doch Witwe Wally hatte offensichtlich keinen Bedarf an meiner Gesellschaft. »Hau ab, du Spinner!«, rief sie mir entgegen und wandte sich ab. Die Abfuhr traf mich hart. Eine brodelnde Wut auf Frauen stieg in mir hoch. Was bildeten sich diese Weiber nur ein? In meiner Verletztheit suchte ich Trost bei Lydia. Immerhin hatte sie mich noch nie als Spinner oder Versager abgestempelt. Sie erlaubte mir, Platz zu nehmen. Zusammen tranken wir noch ein paar Gläser und ich spürte, wie meine Hemmungen weiter schwanden.

»Wollen wir zu mir nach Hause gehen? Ich habe dort 'ne Menge zu trinken und Schallplatten«, sagte ich mit einem anzüglichen Grinsen im Gesicht. Ich baute darauf, dass auch Lydia an chronischem Geldmangel litt und dass es für sie unwiderstehlich war, sich kostenlos volllaufen zu lassen. Sie willigte ein und ich sagte auch ihr, dass sie vorausgehen und an der Bushaltestelle auf mich warten solle.

Doch was als Annäherung begann, endete in einer schaurigen Misshandlung. Die Zeichen waren bereits da, als sie meine Wohnung betrat. »Um Gottes willen«, gab sie sich echauffiert. »So viele Bilder von nackten Frauen an den Wänden. Es gibt ja keinen freien Platz mehr.«

Lydia blieb in der Mitte des Zimmers stehen und glotzte an meinen Wänden entlang.

»Hast du noch nie nackte Frauen gesehen?« Ich war langsam sauer. Die tat ja so, als wäre sie eine Jungfrau.

»Schon. Aber so viele Nacktbilder an den Wänden ... überraschen mich.«

»Die hier mag ich am liebsten.« Ich ging auf ein Poster zu, das ich einer Pornozeitung entnommen hatte. Darauf war eine dickbusige Blondine abgebildet, die breitbeinig posierte und ihr Innerstes detailgetreu ablichten ließ. »Ich nenne sie Inga, klingt so schwedisch.« Lydia blieb in der Mitte des Zimmers. Das war vielleicht ganz gut so, denn an der Stelle vor Inga war der Teppich völlig verklebt und massenhaft getrocknete Spritzer klebten an der Wand unter Inga.

Lydia wandte sich um und rümpfte die Nase. »Was stinkt denn hier so?«

»Das kommt von den Türken unter mir. Die fressen so komisches Zeug. Ich habe mich auch schon beschwert, aber hier unternimmt ja niemand was.«

Lydia sollte endlich die Fresse halten und die Beine breitmachen. Ihr fehlten eindeutig noch ein Paar Schnäpse. So nahm ich eine Flasche aus dem Schrank und schenkte uns ein. »Prostata«, rief ich und lachte über meinen eigenen Witz. Lydia kippte stumm ihren Korn herunter. Als die Flasche zu zwei Dritteln ausgesoffen war, ging ich nahe an Lydia heran und drückte sie auf die Couch.

»Nicht!«, gab sie schwach von sich. Ihr flaues Gewinsel trieb mir den Saft in den Sack.

»Nun stell dich nicht so an.« Ich kniete mich

über sie, drückte ihre Schulter auf die Couch und schob ihren Rock hoch.

»Nein, lass das!« Sie zottelte ihren Rock wieder herunter und setzte sich auf.

»Was hast du denn?«, wollte ich wissen. Lydia antwortete nicht, sondern machte eine beleidigte Fresse und wollte sich erheben.

»Ich habe dich was gefragt«, brüllte ich und verpasste ihr eine Schelle. Kurz flammte Hass in mir auf und spielte mir im Zeitraffer unzählige Bilder von Verschmähungen vor. »Ich habe dich was gefragt!« Abermals schlug ich Lydia ins Gesicht, sodass sie in die Liegeposition geschleudert wurde. Meine Wut entlud sich an Lydia und ich konnte meine eigene Gewalttätigkeit nicht zurückhalten. Sie war so spindeldürr und machte unter jedem meiner Schläge einen großen Satz – ein anregendes Gefühl. Ich schlug ihr mehrmals blindlings mit der Faust ins Gesicht. Als ich völlig außer Atem damit aufhörte, kam es mir vor, als wäre ich in den letzten Sekunden nicht ich selbst gewesen. Der Blick in das blutende Gesicht von Lydia holte mich in die Wirklichkeit zurück.

Schlagartig überkam mich das Gefühl der Reue. Ich war schockiert über meinen Aussetzer und über das, was ich angerichtet hatte. War das wirklich ich gewesen? Ich ließ mich auf den Sessel plumpsen und starrte meine blutverschmierten Fäuste an.

»Ich werde dich anzeigen, du krankes Schwein«,

brüllte Lydia weinerlich. Dann fiel die Wohnungstür ins Schloss. Lydia, verwundet und verängstigt, war aus meiner Wohnung geflohen. Die Polizei würde bald vor meiner Tür stehen.

Die Erkenntnis, dass ich nicht mehr Herr meiner Sinne war, erschütterte mich zutiefst. Ich hatte gedacht, meine Taten wären eine Befreiung gewesen, ein Ventil für all die Benachteiligungen, die ich im Leben erfahren hatte. Doch jetzt sah ich, dass ich einfach nur ein Monster geworden war, das scheinbar keine Kontrolle mehr über sich selbst hatte.

Die nächsten Stunden verbrachte ich in Angst und Sorge, immer in der Erwartung, dass die Polizei jeden Moment kommen könnte. Ich konnte nicht schlafen und war ständig gestresst. Gegen Abend entschied ich kraftlos, dass ich nicht in die Nachtschicht gehen würde. Ich fühlte mich von der Welt und von mir selbst verlassen. Weinend onanierte ich vor Inga stehend, spritzte vor mir auf den Teppich und legte mich dann auf die Couch.

Noch immer liefen meine Tränen. An die Decke starrend bekam ich fürchterliche Angst vor meinen eigenen Dämonen, die ich nicht mehr verdrängen konnte.

KAPITEL DREIUNDZWANZIG

Joschi und Micha hatten das Dollhouse erreicht und planten, Fadi dort unter einem Vorwand festzunehmen. Sie wollten ihn auf diese Weise vor dem angedrohten Angriff von Ecki bewahren. Gerade als sie aus dem Wagen aussteigen wollten, gab das Funkgerät ein Knacken von sich und die Zentrale meldete sich: »Zentrale an Wagen zwölf.«

Joschi grapschte genervt das Mikrofon »Hier Wagen zwölf, Joschi hört.«

»Joschi, eine Renate Sieg hat angerufen. Du sollst dich dringend bei ihr melden. Du wüsstest, wo ihr euch treffen würdet, soll ich dir unbedingt ausrichten.«

»Danke, das mache ich gleich. Wir sind gerade bei einer Festnahme. Im Anschluss daran kümmere ich mich um Frau Sieg.«

Nachdem Joschi das Mikrofon wieder abgelegt hatte, wollte er erneut aussteigen. Micha hielt ihn zurück. »Das hörte sich eben echt dringend an. Sollen wir nicht lieber erst zu Reni fahren?«

Joschi überlegte kurz. »Ecki kann jeden Augenblick hier aufkreuzen und Fadi abstechen. Wir bringen zuerst Fadi in die Zelle und fahren dann zu ihr.«

Hätte Joschi in diesem Augenblick den Ernst der Lage erfasst, wäre alles anders gekommen. So aber stiegen die Kommissare aus und traten vor Fadi. Blitzschnell drehte Joschi ihm die Arme auf den Rücken und ließ die Handschellen um seine Handgelenke zuschnappen. »Du bist festgenommen!« Joschi ersparte sich die formelle Ansprache, weil die ganze Festnahme ohnehin keine rechtssichere Grundlage hatte. Fadi fluchte wüst und zappelte energisch. Es nutzte ihm nichts, wenige Augenblicke später hatten die beiden Kommissare ihn in den Fond des Passats gestopft.

»Jetzt schnell zu Reni«, sagte Joschi, nachdem sie Fadi in die Zelle gesperrt hatten. Plötzlich überkam ihn ein ungutes Gefühl. Eilig ging er los.

»Warte, soll ich nicht mitgehen?«, rief Micha ihm hinterher. Aber Joschi ignorierte ihn, eilte zu seinem Wagen und fuhr zu Renis Wohnung.

Den Passat parkte er vor ihrer Haustür, nicht wie sonst, zwei Ecken weiter. Er rannte die Stufen hinauf, die Tür stand einen Spalt breit offen. Eine

Ahnung schnürte ihm die Kehle zu. Joschi verharrte für eine Sekunde, spähte und horchte in die Umgebung, während er seine Dienstwaffe zog. »Polizei!«, rief er. Dann ging er hinein. Unheilvolle Stille schlug ihm entgegen, anstatt leiser Musik, wie sonst. Er schlich den Flur entlang, richtete den Lauf seiner Pistole in Zimmer für Zimmer. In der Wohnung herrschte Chaos. Diese unheimliche Stille ... Joschi tastete sich vorsichtig voran, bis er schließlich im Schlafzimmer auf Renis leblosen Körper stieß. Sie lag auf dem Boden, Blut umgab sie, und ihr Gesicht war von Schrecken verzerrt.

Joschi konnte es kaum glauben. Seine Reni, die er beschützen sollte, war tot. Es fühlte sich an, als würde sein Herz in tausend Stücke zerspringen. »Reni!«, flüsterte er, kniete sich neben sie und fühlte ihren Puls. Tot! »Reni!«, schrie er nun, ließ die Dienstwaffe fallen und begann eine Herzmassage. »Komm schon, Mädchen.« Er stemmte sich zehn Mal mit den Handballen auf ihre Brust, blies ihr dann mehrere Stöße Luft in den Mund und massierte sofort wieder ihr Herz. »Reni, verdammte Scheiße ...« Joschi verlor jedes Zeitgefühl.

Ein Geräusch hinter ihm riss ihn aus seinem Zustand blinder Verzweiflung. Er fuhr herum, tastete automatisch nach seiner Waffe und riss sie hoch. Micha stand hinter ihm, kniete sich eilig daneben und untersuchte Reni. Joschi arbeitete weiter schweißgebadet an der Herzmassage.

Micha erhob sich. »Ich rufe einen Notarztwagen.«

Als Renis Leiche aus ihrer Wohnung getragen wurde, stand Joschi reglos daneben. In seinem Inneren brodelte es vor Schmerz und Zorn. Er schwor sich, dass er denjenigen, der für den Tod von Reni verantwortlich war, zur Strecke bringen würde. Er würde nicht ruhen, bis er Gerechtigkeit für Reni gefunden hatte. »Ich wette, Fadi steckt dahinter. Ich mache das Schwein fertig.« Joschi preschte los. Micha folgte ihm bis zum Dienstwagen, stellte sich dann in den Weg und hielt auffordernd die offene Hand entgegen. »Ich fahre!«, sein Ton seinem Chef gegenüber war zum ersten Mal unnachgiebig. Joschi gab ihm widerstandslos den Schlüssel und setzte sich auf den Beifahrersitz.

»Los, zurück zum Revier. Ich werde mir Fadi vorknöpfen.« Dann sah er Micha mit zusammengezogenen Lidern an. »Wo kommst du überhaupt her? Bist du mir gefolgt?«

»Ja. Ich habe dir angesehen, dass etwas nicht stimmt.«

Sie schwiegen. Die weitere Fahrt zur Polizeistation war geprägt von Joschis Zorn und Entschlossenheit. Auf dem Parkplatz der Polizeistation angekommen, preschte er sofort los. Micha blieb ihm weiterhin auf den Fersen. »Joschi, bitte, lass uns jetzt einen kühlen Kopf bewahren.«

Joschi ignorierte Micha, durchquerte die Wachstube, Richtung Arrestzelle, im hinteren Teil des Gebäudes. Als die Tür hinter ihnen zufiel, blieb er abrupt stehen, wandte sich Micha zu und griff dessen Revers grob. »Jetzt höre mir mal gut zu, Junge. Du hast weder eine Ahnung, wie es hier auf der Reeperbahn zugeht, noch hast du einen Schimmer davon, was Reni mir bedeutet hat ...«

»Du kannst mich wieder loslassen, Joschi.«

Joschi ließ seine Hände langsam von Michas Revers ab. Micha zottelte seine Jacke wieder zurecht.

»Ich habe nicht so viele Erfahrungen wie du, Joschi. Aber ich bin deshalb kein Idiot. Das solltest du endlich kapieren und mich als Kollegen akzeptieren. Du wirst zugeben müssen, dass es der letzte Blödsinn wäre, jetzt einen Rachefeldzug vom Zaun zu brechen.«

Joschi presste sekundenlang die Lippen zusammen. »Schon gut«, brummte er dann, von einer Entschuldigung keine Spur. »Aber dieser Scheiß-Bandenkrieg hat Priorität! Heute hat irgendein Dreckschwein Reni abgestochen, morgen ist es vielleicht ein anderer unschuldiger Mensch.«

Die Tür schlug krachend auf, einer der uniformierten Kollegen stellte sich zu den Kommissaren und schloss die Tür wieder.

»Was gibts?«, blaffte Joschi.

»Zwei Dinge: Erstens, da draußen steht Anwalt Doktor Rasch und verlangt die sofortige Freilassung von Fadi.«

Joschi kratzte sich am Kopf. »Wir lassen Fadi gehen.«

»Moment«, insistierte Micha. »Wir können Fadi doch nicht einfach so gehen lassen.«

Joschi grinste süffisant. »So ist die Rechtslage, mein lieber Kollege.«

»Das ist mir klar. Darum geht es mir nicht. Wir müssen ihn und seinen Anwalt darüber aufklären, dass er sich in Gefahr befindet.«

»Einen Scheiß müssen wir, Micha! Eine abgestochene Frau ist Fadis Handschrift, er hat Reni umgebracht.«

»Joschi, das kannst du nicht machen ...«

»Was denkst du, was ich alles kann. Dass Fadi in Gefahr schwebt, ist eine Annahme von uns. Dafür gibt es keine Beweise. Wenn wir ihn warnen, bringen wir ihn automatisch in die Lage, dass er zugeben muss, in den Mord verwickelt zu sein. Das wird Doktor Rasch strikt unterbinden. Also kannst du es dir gleich sparen.«

»Das ist doch Blödsinn, Joschi! Umgekehrt wird ein Schuh daraus. Wenn wir Fadi nicht warnen und er umgebracht wird, tragen wir eine Mitschuld.«

»Das ist gequirlte Scheiße! Begreifst du nicht, was hier gespielt wird? Seitdem diese neue Gruppierung ›Viper‹ hier auf den Plan getreten ist, bricht die Hölle auf der Reeperbahn aus. Zuerst wurde dieser Ali Yilmaz umgebracht, wahrscheinlich vom schönen Hermann im Auftrag vom ›König‹. Daraufhin hat Fadi Rache verübt und den schönen Hermann aufgeschlitzt. Und nun war Reni ins Visier geraten, ebenfalls die Handschrift von Fadi. Reni wollte mir etwas Wichtiges mitteilen, sie hatte irgendetwas aufgeschnappt, was für uns ein Beweis hätte sein können. Ich sage dir, hinter alldem steckt diese ›Viper‹. Und Fadi gehört zu denen, egal, was er uns weismachen will.«

Der Schutzpolizist hatte während des Streitgesprächs Abstand genommen.

»Ich bleibe dabei, dass wir Fadi warnen müssen.«

Joschi schnaufte wütend. »Dann gehe zu diesem Wichser und krieche ihm von mir aus in den Arsch.«

»Entschuldigung ...«, unterbrach der Kollege von der Wache.

»Was denn?«

»Ein weiblicher Torso wurde gefunden.«

»Was?«, brüllte Joschi. »Warum sagst du das denn nicht gleich, Mann? Moment Mal, schon wieder ...?«

»Ganz genau. Der Körper einer Frau, Arme, Beine und Kopf abgetrennt.«

»Verdammte Scheiße.«

»... es kommt noch besser: Diesem Torso lagen

abgeschnittene Brüste bei und er wurde am selben Ort abgelegt, wie der erste Torso: bei der alten Schokoladenfabrik.«

»Danke«, brabbelte Joschi und schickte den Kollegen zurück in die Wachstube. »Micha, erledige du das mit diesem Anwalt. Aber mache es kurz. Ich warte im Wagen auf dich. Wir fahren zum Fundort der Leiche.«

* * *

Als Micha und Joschi vom Fundort des Torsos ins Büro zurückkehrten, herrschte noch immer dicke Luft zwischen den Kommissaren. Keiner wollte von seiner Position abweichen, obwohl jeder von ihnen insgeheim dem anderen beipflichtete. Micha hatte Doktor Rasch und Fadi darüber in Kenntnis gesetzt, dass Fadi sich in Gefahr befinden könnte. Doktor Rasch hatte das ohne jeden Kommentar zur Kenntnis genommen und seinen Mandanten dann aus der Davidwache geleitet. Micha hatte damit seine Pflicht und Schuldigkeit als Polizist getan. Wohl fühlte er sich dennoch nicht. Es gab zu wenig Konkretes, zu viele Vermutungen und die drohende Gefahr war keineswegs abgewendet.

Joschi warf Fotos vom Fundort des kopf- und armlosen Körpers auf den Schreibtisch. »Es ist der Torso einer Frau, sonst wissen wir noch nichts. Wie auch. Die Rechtsmedizin ist noch dabei. Ich bin gespannt, was die Kriminaltechniker noch rausfinden.«

Micha richtete sich auf. »Haben wir dem Fall zu wenig Aufmerksamkeit geschenkt, Joschi?«

»Was meinst du damit?«

»Es ist der zweite Torso einer Frau, der am selben Ort gefunden wurde. Es dürfte somit kein Zweifel mehr daran bestehen, dass wir einen Serienmörder haben. Hätten wir uns noch mehr hinter die Sache klemmen müssen? Vielleicht hätten wir dann den grausamen Tod der zweiten Frau verhindern können.«

Joschi legte eine Hand auf Michas Schulter. »Hinterher ist man immer schlauer. Es musste eine Entscheidung gefällt werden. Und dieser Bandenkrieg ist nicht weniger gefährlich, wie wir am Tod von Reni erkennen.«

»Ein schönes Schlamassel, was?«

Joschi wog nur stumm den Kopf. »Wir treten noch immer auf der Stelle. Fadi ist auf freiem Fuß und wir können die Uhr danach stellen, bis er entweder einem Mordanschlag zum Opfer fällt oder selbst einen Mord verübt. Und unserem verdächtigen Karl-Heinz Haack kann nichts nachgewiesen werden. Wenn er wirklich der Serienmörder ist, wird ein nächstes Opfer nicht lange auf sich warten lassen. Scheiße!«, fluchte Joschi und schlug mit der Faust auf den Tisch.

Es klopfte flüchtig, die Bürotür wurde geöffnet

und KOK Gunter Westphal stürmte hinein. Er wedelte mit einem Anzeigeformular in der Luft. »Das dürfte euch interessieren, Kollegen. Eine Lydia Brummer hat soeben Anzeige erstattet.«

»Und? Was sagt uns das?« Joschi hatte keinen Nerv für Spielchen. »Komm zur Sache, Gunter.«

»Versuchte Vergewaltigung, Körperverletzung und Nötigung, gegen Karl-Heinz Haack.«

Joschi ballte seine Fäuste. »Ja! Jetzt schnappen wir ihn uns.«

KAPITEL VIERUNDZWANZIG

Ich lag niedergeschlagen auf meinem Bett und starrte an die Zimmerdecke. Der Streit mit Lydia hatte mich völlig zermürbt und die Worte, die sie vor ihrem Abgang aus meiner Wohnung von sich gegeben hatte, hallten noch immer in meinen Ohren wider. Die Angst vor einer Anzeige, und die damit verbundenen Konsequenzen, ließen mich innerlich erzittern. Doch gleichzeitig kochte auch eine Wut gegenüber Lydia in mir, die mich dazu trieb, meine eigenen inneren Dämonen zu fürchten.

Um mich von dem alles überwältigenden Gefühlschaos abzulenken, beschloss ich, meine Wohnung zu verlassen und in den ›Goldenen Handschuh‹ zu gehen. Vielleicht konnte ich dort meinen Kopf freibekommen.

Auf dem Weg dorthin sprangen meine

Gedanken wirr durcheinander. Ich wollte umkehren, um an diesem Abend fit für meine Schicht als Wachmann zu sein, doch mit diesen Sorgen im Kopf war ich zu nichts imstande, außer mich zu betrinken. Ich war mir bewusst, dass ich dafür die Arbeit schwänzen musste, doch in diesem Moment war es mir egal. Der ›Goldene Handschuh‹ war mein Hafen, den ich nun brauchte.

In der Kneipe angekommen, setzte ich mich an die Theke und bestellte schnell nacheinander zwei Fanta mit Korn. Der süßliche Geschmack vermischte sich mit der Bitterkeit meines Gemüts. Meine melancholische Stimmung veranlasste mich, an der Musikbox den Titel ›Heimweh‹ von Freddy Quinn zu drücken. Die traurige Melodie und die wehmütigen Texte schienen wie für mich gemacht zu sein und ich versank immer tiefer in meinem Selbstmitleid.

Plötzlich betrat Lydia die Kneipe und sah mich verwundert an. Unsere Blicke trafen sich, meine Augen füllten sich mit Tränen, wofür ich keine Erklärung hatte. Lydia kam langsam auf mich zu und setzte sich neben mich an die Theke. »Kalle, es tut mir leid für alles, was ich gesagt habe«, flüsterte sie mit zittriger Stimme.

Ich war hin- und hergerissen zwischen der Wut, die mich noch immer erfüllte, und der Sehnsucht nach jemandem, der mich verstand. Die Alkoholsucht war ein Band, das uns beide verknüpfte, und obwohl ich mir geschworen hatte, mich von ihr zu lösen, konnte ich nicht anders, als Lydia zu vergeben. »Mir tut es auch leid, Lydia. Ich ...«

Lydia unterbrach mich, wofür ich einerseits dankbar war. Wir sprachen dann lange über unsere Probleme und Ängste. Eigentlich sprach Lydia die ganze Zeit über und ich trank und bestellte. Je mehr wir tranken, desto näher kamen wir uns und desto mehr lösten sich die Spannungen zwischen uns auf. Schließlich kam Lydia von sich aus auf mein gestriges Angebot zurück, bei mir einzuziehen. Aufgrund des Vorfalls hatte ich das jedoch schon aus meinem Gedächtnis gestrichen. Ich zögerte mit meiner Antwort, doch Lydia überrumpelte mich förmlich. Ehe ich mich versah, waren wir beide auf dem Weg zu meiner Wohnung.

Kaum betraten wir meine vier Wände, begann Lydia sofort, Forderungen zu stellen und mich herumzukommandieren. Obwohl ich doch immer der ›General‹ sein wollte, konnte ich mich ihrem Willen nicht widersetzen. Die Nacktbilder sollten weg, die Möbel sollten umgestellt werden, ich sollte mehr Schnaps besorgen – Lydias Durst schien grenzenlos und ihre Befehle nahmen kein Ende.

Dieses eigenartige Miteinander erinnerte mich ein bisschen an die Zeit mit Marga, die längst vergangenen Tage, die ich in meiner Erinnerung verklärt hatte. Unsere Beziehung war von ähnlicher, bittersüßer Dynamik geprägt gewesen, doch Lydia war eindeutig von einem noch kompromissloseren Kaliber.

Als sich in meinem Inneren der Entschluss formte, Lydia auf eine bewährte Art und Weise loszuwerden, klopfte es abrupt an meiner Tür. Ich erschrak und mein Herz setzte einen Schlag aus, da ich so gut wie nie Besuch bekam. Lydia eilte zur Tür, als wäre es ihre Wohnung. Als sie mit umgebundener Schürze in der offenen Tür stand und ich an ihr vorbeisah, traf mich der Anblick der Polizisten wie ein Schlag ins Gesicht.

»Karl-Heinz Haack?«, fragte einer der Beamten mit ernstem Gesichtsausdruck und drängte sich an Lydia vorbei. Ich nickte, unfähig, ein Wort herauszubringen.

»Sie sind festgenommen wegen des Vorwurfs der Vergewaltigung und der Körperverletzung«, verkündete der Polizist und legte mir Handschellen an.

Ein Schauer lief mir über den Rücken, als ich realisierte, dass meine Welt erneut aus den Fugen geraten war. Inmitten all meiner Ängste.

KAPITEL FÜNFUNDZWANZIG

Die Davidwache lag im diffusen Licht der Reeperbahn, als Joschi und Micha sich anschickten, die Festnahme von Karl-Heinz Haack in Sack und Tüten zu bringen. Regen prasselte gegen die Scheiben und mischte sich mit dem Klackern der Schreibmaschinen. Joschi hörte auf, zu tippen, und sah über die Schreibmaschine hinweg zu Micha herüber. »Wir lassen ihn noch schmoren.«

»Nicht, dass uns wieder einer dieser halbseidenen Anwälte in die Quere kommt«, gab Micha zu bedenken. Joschi ging zum Fenster, öffnete es und zündete sich eine Zigarette an. Der dumpfe Lärm der Reeperbahn drang von draußen herein. »Stimmt. Es gibt immer mehr von diesen Knilchen, die jeden Perversling verteidigen, nur, um ins Rampenlicht zu kommen. Aber das wird nicht passieren. Haack gehört nicht zur Organisierten Kriminalität. Er ist ein Niemand und er ist nicht reich. Ihn zu verteidigen, würde nichts bringen.« Joschi drückte seine Zigarette aus und schloss das Fenster wieder. »Trotzdem werden wir den Kerl jetzt in die Mangel nehmen.«

Micha folgte Joschi. »Ich bin gespannt, was wir aus ihm herausbekommen.«

Die Kommissare hatten genug von den Sackgassen in beiden Fällen, sowohl im Fall der zerstückelten Frauen als auch im Fall der ermordeten Reeperbahngrößen. Die Anzeige von Lydia Brummer gegen Haack schien endlich ihre große Chance zu sein, den Fall Haack auf die Zielgerade zu führen. Sie hatten den Verdächtigen, nun war es nur noch eine Frage der Zeit, bis der Mistkerl gestand.

Sie öffneten einen kleinen, abgedunkelten Raum, in dem Haack in Handschellen gefesselt auf einem unbequemen Stuhl an einem Holztisch saß. Eine ungemütliche Atmosphäre – genauso sollte es sein. Micha legte ein Diktiergerät auf den Tisch, schaltete die Aufnahmefunktion ein und sprach den formellen Teil, an Haack gerichtet. Haack wirkte überraschend unaufgeregt.

»Wo waren Sie in der Nacht des vierten Mai 1972?«, fragte Joschi mit einem finsteren Blick.

»Arbeiten. Oder kacken.« Haack lachte, ein schrilles, unangenehmes Lachen.

Joschi hatte mit einer ähnlichen Reaktion gerechnet. Haack war ein primitiver Mensch, der nach Alkohol roch und bei seinem Lachen Zahnlücken präsentierte.

»Verstehe«, sagte er ruhig. »Sie wohnen in der Zeißstraße 74?«

Haacks zahnloses Grinsen bestand noch immer. »Das hat Ihr Kollege doch gerade vorgelesen. Ja.«

Joschi streckte Micha eine offene Hand hin, woraufhin Micha einen Stadtplan übergab. Joschi faltete ihn auseinander und legte ihn auf den Holztisch. Darauf waren mehrere dick gemalte Kreuze und ein von Hand gezeichneter Kreis zu sehen. Joschi tippte auf eines der Kreuze. »Hier befindet sich Ihr Wohnort.« Er tippte auf ein zweites Kreuz. »Dort befindet sich der ›Goldene Handschuh‹, wo Sie regelmäßig verkehren. Ist das richtig?«

Haack grinste noch immer und spähte desinteressiert mit schielendem Blick auf den Stadtplan. Dann lachte er. »*Verkehren* – wie sich das anhört. Warum geht man wohl in eine Kneipe? Im ›Goldenen Handschuh‹ trinke ich nach Feierabend was. Ist das ein Verbrechen?«

Die Kommissare ließen sich nicht einschüchtern. Im Gegenteil, sie intensivierten das Verhör. Doch Haack gab weiterhin nur ausweichende und provozierende Antworten.

»Reden wir Klartext«, brüllte Joschi und donnerte Fotos der Torsi auf den Tisch. »Die verlassene Schokoladenfabrik befindet sich genau zwischen dem ›Goldenen Handschuh‹ und Ihrer Wohnadresse. Das ist Ihr Revier, Haack! Hier lauern Sie den Frauen auf, um sie zu zerstückeln und sie dann wie Müll wegzuwerfen!«

Joschis Attacke zeigte Wirkung. Haacks Adamsapfel wanderte und er rutschte nervös auf seinem Stuhl umher. »Gestehen Sie endlich!«, brüllte Joschi, erhob sich und schlug mit der Faust auf den Tisch. »Wir wissen, dass Sie es waren. Die Beweise sprechen für sich.«

Micha realisierte, dass Haack nur noch den passenden Schubs brauchte, um zu gestehen. Er wagte einen Vorstoß. »Lydia Brummer hat gegen Sie Anzeige erstellt. Sie hat uns eine Menge belastende Informationen gegeben. Wir wissen, dass Sie diese Frauen auf dem Gewissen haben, und es wird Zeit, dass Sie dafür zur Rechenschaft gezogen werden.«

Haack lachte erneut, dieses Mal jedoch nervös. »Lydia wird ihre Anzeige sowieso zurückziehen. Das Ganze ist nur ein Kasperletheater. Sie ist eine Nutte, mit der niemand etwas zu tun haben will. Ich habe ihr einen Schlafplatz geboten ...«, dann knabberte er an seinen Fingernägeln.

Joschi seufzte schwer, als er die Tür des Verhörraumes aufreißen hörte. Ein uniformierter Kollege drängte aufgelöst herein und teilte mit, dass Joschi sofort herauskommen müsse, weil etwas Schlimmes passiert sei. Widerwillig und verärgert ließ Joschi das Verhör mit Karl-Heinz Haack zurück und folgte dem Kollegen aus dem Raum.

Der junge Polizist eilte hastig einige Schritte von der Tür weg und berichtete dann leise von einer wüsten Schießerei, in die auch der ›König‹, verwickelt gewesen war. »Verdammt!«, fluchte Joschi und zog die Augenbrauen zusammen. »Haack ist kurz davor, umzuknicken.« Er konnte unmöglich das Verhör beenden, wo Haack doch gerade den Eindruck machte, als wollte er auspacken.

»Da ist noch etwas«, brachte der Uniformierte zaghaft hervor. »Das wird Ihnen jetzt nicht gefallen, Herr Kriminalhauptkommissar. In der Wachstube steht eine Frau, Lydia Brummer.«

»Was will sie?«

»Sie hat die Anzeige gegen Haack wieder zurückgezogen.«

Joschi drosch mit der Hand gegen die Wand. »So eine Scheiße! Dann müssen wir den Mistkerl laufen lassen.« Sein Blick hastete zu dem Uniformierten. »Habt ihr das schon protokolliert, also mit Uhrzeit und allem Drumherum?«

»Ja.«

Joschi wandte sich wortlos um, riss die Tür zum Verhörraum auf und stürzte hinein. »Sie können gehen!«, blaffte er aggressiv. Micha stutzte überrumpelt, Haack erhob sich sofort.

»Wieso?«, fragte Micha im Flüsterton. Joschi antwortete ihm nicht, schloss Haacks Handschellen auf und schob den Verdächtigen so grob aus dem Verhörraum, dass er stolperte. »Nun los schon!«, befahl Joschi und schob Haack vor sich her. Er deutete Micha mit einer Kopfbewegung an, zu folgen. Joschi bugsierte Haack auf die Straße, ließ ihn dort wortlos stehen und eilte zum Dienstwagen.

Im Wagen gab Joschi Micha einen kurzen Lagebericht, erzählte von der Schießerei, in die der ›König‹ verwickelt sein sollte. Micha tastete nach seiner Waffe. Die Männer schwiegen, wie immer, wenn ein gefährlicher Einsatz bevorstand. Die Straßen von Hamburg flogen an ihnen vorbei, während sie mit quietschenden Reifen zum Tatort rasten. Die Sirenen heulten und die Menschen auf den Straßen wichen ihnen ängstlich aus.

Als sie den Ort der Schießerei erreichten, standen mehrere Polizeiwagen mit rotierenden Blaulichtern kreuz und quer. Die Fahrbahn war abgesperrt und nur die Polizeiwagen hatten Zufahrt zum Tatort. Joschi drängte sich durch die Menschenansammlung und bahnte sich einen Weg zu einem blutüberströmten Körper, der auf dem Boden lag. Ein junger Mann, nicht älter als Mitte zwanzig, orientalisches Aussehen, Goldkette um den Hals. Wenige Meter entfernt ein weiterer junger Orientale in teurer Kleidung, verdrehte Glieder. Beide hielten noch ihre Pistolen in den

Händen. Die Körper der jungen Männer waren von Kugeln durchsiebt.

»Seitdem die Türken hier sind, herrscht Chaos.«

Joschi wandte sich um. »Harry. Steckst du hinter dieser Sauerei?«

Harry Röhrig, der ›König‹, pulte lässig mit einem Zahnstocher in seiner obersten Zahnreihe. »Hältst du mich wirklich für so blöd, dass ich vor meiner eigenen Tür ein solches Schauspiel veranstalte?«

Joschi traute dem Zuhälter-›König‹ der Reeperbahn alles zu. »Vielleicht gerade hier, um ein Zeichen zu setzen.«

»Verplempere deine Zeit nicht mit so einem Schwachsinn, Joschi.« Harry Röhrig nahm seinen Zahnstocher aus der Zahnlücke und deutete mit einer Kopfbewegung in eine Richtung. »Dein neuer Liebling, Fadi, ist in die Richtung abgehauen. Angeschossen soll er sein, haben meine Leute beobachtet.«

»Die Kerle am Boden sehen aus, als würden sie zu Fadi gehören. Willst du mir erzählen, dass Fadi seine eigenen Leute abballert?«

»Ne, will ich nicht. So blöd sind nicht mal die Türken. Aber Ecki wurde auch gesehen, wie er in der Gegend rumgeballert hat.«

In Joschis Kopf ratterte es. Eckart Grützner, genannt Ecki, war der Vollstrecker von Türken-Ralle. Sozusagen der Nachfolger des ermordeten

›Schönen Hermann‹. »Dann hat Ecki die beiden abgeknallt?«

»Das habe ich nicht gesagt.« Harry Röhrig hob die Hände, wandte sich um und verschwand in der Menschenmenge.

Micha kam nahe an Joschi heran. »Der lügt doch, wie gedruckt.«

»Worauf du dich verlassen kannst. Hier singt niemand vor uns Bullen und schon gar nicht der ›König‹.«

Joschi sah sich um. Die Menschenmenge, die sich gebildet hatte, beobachtete sie neugierig und verängstigt zugleich. Die Reeperbahn war seit jeher ein Ort, an dem Kriminelle und Prostituierte ihr Unwesen trieben, und Schießereien kamen hin und wieder vor. Aber selten mit solch einer offensichtlichen Brutalität.

KAPITEL SECHSUNDZWANZIG

Als ich die Davidwache verließ, fühlte ich mich verwirrt und deprimiert. Die Scheißbullen hatten mich in die Mangel genommen, doch letztendlich mussten sie mich gehen lassen. Meine Gedanken waren ein einziges Durcheinander und ich wusste nicht, wie ich mit der Situation umgehen sollte.

Auf dem Rückweg vom Verhör beschloss ich, einen Zwischenstopp im ›Goldenen Handschuh‹ einzulegen. Die Kneipe war voll von den üblichen Gestalten. Betrübt und nachdenklich drückte ich das melancholische Lied »Heimweh« von Freddy Quinn an der Musikbox. Obwohl ich auf Lydia stinksauer war, hoffte ich, dass sie vielleicht hier auftauchen würde, aber von ihr war keine Spur zu sehen. Wahrscheinlich hatte sie sich zurückgezogen und überlegte, wie es weitergehen sollte. Vielleicht bereute sie es sogar, die Anzeige gegen mich erstattet zu haben. Wer weiß schon, was in ihrem Kopf vorging?

Draußen waren den ganzen Tag über schon mehr Bullenwagen als sonst zu sehen und zu hören. Die Luft auf der Reeperbahn war geladen mit Unruhe. »Warum sind denn alle so nervös?«, wollte ich von Jonny wissen, der meine Fanta-Korn vor mir auf dem Tresen abstellte.

»Ist nicht gut, was hier gerade abgeht. Gar nicht gut.« Jonny wandte sich wieder ab. Da der schlecht gelaunte Jonny keine ergiebige Informationsquelle war, sperrte ich meine Ohren auf, um aus Gesprächen etwas aufzuschnappen. Von einem Bandenkrieg war die Rede. So in Aufruhr hatte ich die Gegend noch nie erlebt.

»Wie günstig«, dachte ich halblaut vor mich hin. »Dann werde ich mir mal in aller Ruhe mein nächstes Opfer aussuchen.« Ich trank genüsslich meine Fanta-Korn und beobachtete grinsend die aufgeregten Menschen. Sie gafften nach draußen, gingen vereinzelt hinaus, kamen wieder herein und redeten durcheinander. Sie waren, wie verängstigte Hühner und ich war der Fuchs.

Das Verhalten der Menschen brachte meine Gedanken zurück in meine Vergangenheit als Gewalttäter und es war, als ob meine dunkle Seite immer stärker wurde. Ich hatte nach Marga einen

Weg gefunden, mich durchzusetzen. Ich war der ›General‹, dem schon mehrere Frauen folgten. Sie gaben sich mir hin, ich beherrschte sie und ich hatte sogar die Macht, sie zu töten. Wann immer es dem ›General‹ beliebte, würde er zurückkehren und herrschen. So wie in diesem Augenblick, in dem ich einen tiefen Frust in mir verspürte, der mich quälte und nach einem Ventil verlangte.

Es gab da draußen Menschen, die genau wie ich ihre eigenen Probleme hatten. Menschen, die auf der Suche nach Erlösung waren. Eine Erlösung, die ich ihnen bringen konnte.

Ich trank eilig aus, legte zehn Mark auf den Tresen, nahm meine Jacke und verließ den ›Goldenen Handschuh‹. Die Straßen waren voll von aufgeregt umhereilenden Menschen. Auch hier draußen war die Stimmung angespannt und man spürte förmlich die Gefahr in der Luft. Doch trotz all des Chaos rund um mich herum fühlte ich eine gewisse Ruhe in mir.

Während ich durch die Straßen von St. Pauli schlenderte, dachte ich über alles nach, was bisher passiert war.

Plötzlich blieb ich vor einem alten Plattenladen stehen. Ich erinnerte mich daran, wie ich als kleiner Junge immer von der Musik fasziniert war. Von Musik und dem Traum, für immer mit meinem Vater auf einem Schiff zu reisen. Die Melodien und Texte hatten mich in eine andere Welt entführt und mir das Gefühl gegeben, dass ich nicht alleine war. Vielleicht lag da der Schlüssel zu meiner Erlösung.

Ich betrat den Laden und stöberte zwischen den vielen Schallplatten. Die Musikbox in der Ecke spielte ein Lied von Simon & Garfunkel, und ich ließ mich von den Klängen mitreißen. Plötzlich fiel mein Blick auf eine Schallplatte von Elvis Presley, den mein Vater verehrte: ›Die größten Hits‹. Meine Augen blieben an dem Album hängen, und ich spürte eine tiefe Sehnsucht in mir aufkommen.

Ich kaufte die Platte und machte mich auf den Weg zurück in meine Wohnung. Auf dem Weg erstand ich noch acht Flaschen Korn in einem Kaufmannsladen. Zu Hause angekommen, stellte ich die Flaschen ordentlich in das Schrankfach. Dann legte ich die Schallplatte vorsichtig auf den Tisch und betrachtete das Cover. Frauen liebten den Anblick dieses schönen Mannes.

Und sie liebten die Musik von Elvis.

KAPITEL SIEBENUNDZWANZIG

Joschi beobachtete den ›König‹ aus der Ferne, wie er sich durch den Menschenstrom auf der Reeperbahn schlängelte. Joschi packte seinen Kollegen am Ärmel, ohne seinen Blick vom ›König‹ abzulassen. »Hör zu, Micha. Du bleibst hier und kümmerst dich um diese Sauerei.« Er ging dem ›König‹ hinterher.

»Und du?«, brüllte Micha.

Joschi warf Micha einen schnellen Blick zu. »Ich gehe dem ›König‹ hinterher. Hier stimmt eine ganze Menge nicht und er ist der Schlüssel dazu.« Dann flitzte Joschi los.

Micha fluchte leise. Die Alleingänge seines Chefs kotzten ihn an. Irgendwann würde er diesen ganzen Mist an den Nagel hängen und sich einen ruhigeren Job suchen. Er ging zu den uniformierten Kollegen, die Daten von Zeugen aufnahmen.

Kriminalhauptkommissar Joseph Reinsch musste vorsichtig sein, damit er nicht entdeckt wurde. Der ›König‹ war ein gerissener Gangster und konnte schnell bemerken, dass er verfolgt wurde. KHK Reinsch war entschlossen, das zu verhindern, denn er wollte wissen, wohin der ›König‹ ging und was er vorhatte.

Plötzlich bog der ›König‹ in eine schmale Gasse ein, die direkt hinter dem Salambo-Klub lag. Das Salambo gehörte nicht zum Imperium des ›Königs‹, weshalb er sich in dieser Gegend in erheblicher Gefahr befand. »Was hast du hier zu suchen, Harry?«, flüsterte Joschi zu sich selbst und ließ den ›König‹ keine Sekunde aus den Augen. Er folgte ihm unauffällig und blieb in sicherem Abstand. Joschi konnte beobachten, wie der ›König‹ die Tür eines brackigen Gebäudes aufschloss und hinein-schlüpfte. Neugierig näherte Joschi sich. Ein runter-gekommenes Lagergebäude, verdreckte Fenster, aber eine stabile Stahltür. Er huschte zu dem Fens-ter, ging neben Holzpaletten, Mülltonnen, herum-liegendem Dreck in die Hocke und spähte hinein.

Was er sah, ließ ihn innerlich aufschrecken. Drinnen waren mehrere Männer versammelt, die ihm allesamt bekannt waren. Es waren Zuhälter,

Kriminelle und zwielichtige Gestalten, mit denen Joschi im Laufe der Jahre zu tun hatte. Sie schienen alle aufgeregt zu sein und diskutierten gestikulierend miteinander. Er ging nahe an die Fensterscheibe heran, um mithören zu können, was die Ganoven zu bereden hatten. Doch es drangen nur Wortfetzen zu ihm vor. Die Gestik der Männer sprach Bände, sie gebärdeten sich, zogen Pistolen und steckten sie wieder weg, drohten mit den Fäusten und verzogen finstere Mienen. Joschi hätte nicht in der Haut des ›Königs‹ stecken wollen. Er versuchte, herauszubekommen, wie viele es waren, reckte den Hals – neben Harry sechs weitere Personen.

Kurz überlegte er, Verstärkung zu holen, um diesen aggressiven Herrenklub aufzulösen. Aber er entschied sich, an seinem unbequemen Platz auszuharren und notfalls ein paar Schüsse durch die verdreckte Scheibe abzugeben. Er konnte einige Fetzen ihrer Gespräche aufschnappen und war mehr und mehr davon überzeugt, dass hier etwas Größeres im Gange war. Doch bevor er mehr herausfinden konnte, tauchte Micha plötzlich neben ihm auf und zog ihn ein Stück zurück.

»Was zum Teufel machst du hier alleine, Joschi?«, schimpfte Micha leise.

»Pst!«, zischte Joschi leise und zog Micha in die Hocke. »Da drinnen läuft ein dickes Ding.«

Micha lugte vorsichtig über Joschis Schulter und

huschte sofort wieder in Deckung.

»Verdammt, Joschi, bist du total verrückt? Die Kerle da drinnen sind ja bewaffnet, als wenn sie in den Krieg ziehen.«

»Ich weiß. Das ist hier eben so. Meistens kommen die Jungs aber mit Drohgebärden aus ...«

»Ach ja? So, wie die beiden Toten, zwei Querstraßen weiter? Joschi! Das geht so nicht weiter.«

Joschi wandte sich hockend zu Micha. »Du hast ja recht. Gehe du zurück und hole Verstärkung. Ich behalte in der Zwischenzeit die Lage im Blick.«

Micha sah ihn sprachlos an.

»Ich kann einfach nicht anders, Micha. Die da drinnen haben unter Garantie etwas mit dem Bandenkrieg zu tun. Wenn wir sie alle auf einmal schnappen, könnten wir endlich Licht ins Dunkel bringen. Vielleicht beenden wir diesen leidigen Krieg sogar endlich.«

Micha seufzte und rieb sich verzweifelt den Nacken. »Du magst recht haben. Aber du kannst nicht allein hierbleiben. Das ist einfach zu gefährlich.«

Joschi hob langsam den Kopf. »Ich bin nicht erst seit gestern auf der Reeperbahn im Einsatz, schon vergessen? Ich habe ganz andere Sachen erlebt. Und jetzt verschwinde endlich, damit ich weiter observieren kann.«

KAPITEL ACHTUNDZWANZIG

Ich legte die Elvis-Schallplatte auf und öffnete eine Flasche Korn. Der melancholische Sound von *Love me Tender* erfüllte den Raum und vermischte sich mit dem bittersüßen Geschmack des Alkohols, der meine Kehle hinabglitt. Der Abend war düster und ich fühlte mich einsam in meiner kleinen Wohnung, umgeben von Erinnerungen an eine Frau, die mich hintergangen hatte.

Sie hatte die Anzeige gegen mich zurückgezogen. Aber warum hatte sie das überhaupt erst getan? Ein Gefühl von Wut und Verbitterung durchströmte meinen Körper. Ich konnte es nicht fassen, dass ich an diesem Tag niemanden mit nach Hause gebracht hatte. All die vergebliche Mühe, sich mühsam durch die düsteren Straßen dieser

Gegend zur Reeperbahn zu kämpfen, um dann ohne Erfolg und Erleichterung zurückzukehren.

In meiner Verzweiflung öffnete ich eine weitere Flasche Korn, stellte sie mit einem zweiten Glas auf den Tisch und schenkte in beide Gläser großzügig ein. »Prost«, sagte ich, nahm einen Schluck, ging um den Tisch herum und prostete mit dem anderen Glas zurück.

Es klingelte plötzlich an der Tür und ich wurde aus meinen düsteren Gedanken gerissen. Verwirrt und überrumpelt, öffnete ich. Im Flur stand Lydia! Wankend und sprachlos hielt ich mich am Türblatt fest. Wortlos trat ich beiseite und ließ Lydia herein. Ihr Körpergeruch drang sofort in meine Nase und erinnerte mich an vergangene Zeiten. Sie strebte, ohne zu fragen, in die Wohnung und griff nach meiner Kornflasche, als wäre das ihr gutes Recht.

»Warum hast du mich überhaupt angezeigt?«, platzte es aus mir heraus, als ich meine Wut kaum noch unterdrücken konnte. Lydia blickte mich herausfordernd an und warf mir prompt entgegen: »Du liebst es doch, mich leiden zu sehen. Deshalb habe ich dieses Spiel gespielt. Du Drecksau hast mich mit Syphilis angesteckt!«

Ein Schauer lief mir über den Rücken, die Wut in mir wurde brennender. »Wie kannst du es wagen, so etwas zu behaupten?!«, brüllte ich sie an. »Hast du vergessen, wen du vor dir hast, du Schlampe?«

Ich holte mit einer Hand aus, drohte mit finsterer Miene. Doch sie lachte nur höhnisch.

»Kommt jetzt wieder diese alberne General-Nummer?« Abermals lachte sie laut spottend und gab mir einen groben Stoß, sodass ich rückwärts in den Sessel stolperte. Dann nahm Lydia eines der Gläser und gierte den darin befindlichen Schnaps mit wenigen Zügen herunter. Sie stellte das Glas grob auf den Tisch und goss kleckernd nach. »Ich bin eine anständige Frau«, nuschelte sie aggressiv. Ich erkannte sie kaum wieder, so aufgeputscht, wie sie sich gab.

»Mir eine Krankheit anzuhängen – was hast du dir dabei gedacht?« Sie gierte einen riesigen Schluck Schnaps herunter. »Verstehst du, Kalle? Das ist eine Straftat, mein Lieber! Körperverletzung ... vorsätzlich, oder so. Jedenfalls wanderst du in den Knast, wenn ich dich noch mal anzeige.« Sie nahm auf der Couch Platz und sah sich in der Wohnung um. Ich brachte kein Wort heraus. Wenn Lydia mich ins Gefängnis bringen würde, könnte ich das nicht überstehen. Warum drohte sie mir damit? Ich musste nachdenken. Grübelnd langte ich nach meinem Glas.

»Stopp!«, brüllte sie, ich erschrak.

»Du trinkst erst, wenn ich es dir erlaube, verstanden?«

Ratlos nahm ich meine Hand wieder zurück, verschränkte die Arme und schnaufte überfordert.

»Jetzt weht hier ein anderer Wind, Freundchen.« Lydia trank schnell hintereinander mehrere Gläser meines Korns, die Flasche war im Handumdrehen geleert und sie hing schief mit trübem Blick im Sessel. In Gedanken erwürgte ich sie – ganz langsam. Mit einer ungeschickten Armbewegung schlug sie nach der leeren Flasche, erwischte sie und die Buddel krachte auf den Boden. Ich war innerlich auf hundertachtzig.

Lydia erhob sich und wankte auf meinen Wohnzimmerschrank zu. »Da sind ja meine Schätzchen«, lallte sie und griff sich die nächste Flasche. Auf dem Rückweg zum Sessel blieb sie stehen und starrte auf den Plattenspieler. »Was für ein Gejaule. Hast du keine deutschen Lieder?« Sie trat nach dem Plattenspieler, der berstend zu Boden krachte, »Are you lonesome tonight« verstummte. »Scheiße«, lallte Lydia, ließ sich in den Sessel fallen und zerrte an dem Flaschenverschluss.

Ich bekam vor Wut beinahe keine Luft, erhob mich und griff die Flasche, die vor mir auf dem Tisch stand. Ihr überhebliches Grinsen erstarb, als ich auf sie zuging. Bevor sie einen Ton von sich geben konnte, schlug ich ihr die Flasche über den Kopf. Ein schriller Schrei, ein weiterer Schlag, noch einer, noch einer – bald war sie still. Ich zog die leblose Lydia vom Sessel, damit sie das gute Stück nicht besudelte. Eilig holte ich blaue Plastiksäcke aus dem Schlafzimmer. Als ich zurückkam, bewegte sie sich, lag am Boden, benommen und blutend.

Wutschnaubend stand ich in der Schlafzimmertür. Ich konnte kaum meinen Augen trauen. Doch Lydia schien in diesem Moment keine Bedrohung mehr zu sein, sondern eher ein Spielball für meine aufgestaute Wut. Ich hatte die Oberhand zurückgewonnen.

Sie setzte sich auf, sah die blauen Plastiksäcke an. Anstatt reumütig zu sein und sich zu fürchten, lachte sie mich weiter aus. Das war der Moment, in dem jegliche Kontrolle über meine Emotionen verloren ging. Mit bebenden Händen griff ich nach einem der Damenstrümpfe, die sie trug, und zerrte ihn von ihrem Bein.

»Was soll das, du Dreckschwein?«, lallte sie und versuchte, sich zu erheben. Ich war schneller, wickelte den Strumpf mehrmals um ihren Hals und zog mit aller Kraft an beiden Enden. Lydia krächzte, zappelte mit den Beinen, sodass ihre Hacken auf den Boden donnerten. Ihr Widerstand war verblüffend, ich spürte die kraftvollen Zuckungen ihres Körpers. Sie krampfte ihre Finger um den würgenden Strumpf, versuchte, sich so zu befreien – keine Chance. Mit den Beinen arbeitete sie derartig kraftvoll, dass der Nylonstrumpf in meine Finger schnitt. Schweiß strömte mir aus den Poren und mein Atem raste – das kannte ich schon.

Ich hielt dagegen, doch der Strumpf wollte unausweichlich aus meinen Fingern reißen.

Mit einer schnellen Bewegung stellte ich mich über sie, stemmte meinen Fuß gegen ihren Hals und zog mit beiden Händen an den Enden des Strumpfes. Lydias Anblick trieb mich dazu, weiterzumachen. Die Welt um mich herum verschwamm, als ich all meine Kraft darauf konzentrierte, Lydia endgültig zum Schweigen zu bringen. Sie rang um Luft, ihre Augen wurden glasig und ihr Leiden wurde von meinem lüsternen Verlangen nach Befriedigung überstrahlt.

Als ich schließlich von ihr abließ, war ich völlig außer Atem und innerlich zerrüttet. Ich würde damit nie mehr aufhören können. Der Wahnsinn hatte vollständig von mir Besitz ergriffen und ich konnte mich nicht von diesem dunklen Verlangen lösen. Mein Blick glitt an der toten Lydia entlang. Ihr Rock war weit hochgerutscht, ihre Beine gespreizt. Eines mit Strumpf, eines ohne.

Ich trat vor das Nacktbild mit Inga und starrte es an, wartete, dass mein Puls sich wieder normalisierte. Ingas gespreizte Beine hatten mir schon tausend Mal zu einem Orgasmus verholfen. Ein drängendes Gefühl der Unzufriedenheit durchzog meinen Körper. Die Leere in mir wuchs unaufhaltsam, und ich wusste, dass ich etwas tun musste, um diese Leere zu füllen. Ich öffnete meine Hose und begann, zu onanieren. Nach wenigen schnellen

Handbewegungen wandte ich mich schnell Lydia zu und ergoss mich auf ihr strumpfloses Bein.

Nun war ich bereit für den nächsten Schritt. Mit zitternden Händen griff ich nach meiner Werkzeugkiste und begann, Lydia zu zerstückeln. Die grausame Prozedur, die ich so oft schon vollbracht hatte, war erregend wie beim ersten Mal. Es war ein befreiender Akt, ein beglückendes Gefühl, die Vollendung meiner Macht über einen Menschen, der mich zuvor erniedrigte. Ich war wieder der ›General‹. Reglos, wehrlos, ja willig, musste Lydia Schnitt für Schnitt hinnehmen und darauf warten, dass ich die Säge an die freigelegten Knochen ansetzte. Der Fuchsschwanz raspelte sich weich durch Arm- und Beinknochen, sodass die Glieder bald neben Lydia lagen, abgetrennt und verdreht, wie die Einzelteile einer Spielzeugpuppe. Ich ging zur Spüle in der Küche, säuberte mein Werkzeug unter fließendem Wasser und verstaute es wieder in der Werkzeugkiste.

Nachdem ich Lydias Einzelteile unter der Traufe verstaut hatte (es wurde nun extrem eng an diesem geheimen Ort), verklebte ich die Fugen der Tür wieder mit dem letzten Klebeband. Ich würde neues benötigen. Geschäftig nahm ich meine Jacke und machte mich auf den Weg. In der Tür wandte ich mich noch einmal um. Neue Toilettensteine musste ich auch besorgen.

KAPITEL NEUNUNDZWANZIG

In der Hocke kauernd zogen sich allmählich Krämpfe durch Joschis Waden, doch er harrte aus und spähte weiter angestrengt durch die verdreckte Scheibe ins Innere des kleinen Lagerhauses. Harry Röhrig – der ›König‹ der Reeperbahn und ein halbes Dutzend anderer Kiezgrößen stritten seit einer Viertelstunde da drinnen. Was Joschi sah, vermittelte ihm ein klares Bild. Die Mienen der Gangster waren bedrohlich, sie gestikulierten immer wieder kämpferisch und mehrmals griff jemand an den Pistolengriff im Hosenbund. Die Aggression lag regelrecht in der Luft. Joschi wünschte sich, dass Micha mit der Verstärkung auftauchen würde.

Plötzlich brach ein wilder Streit zwischen den Gangstern aus, einer der Gangster schlug einen anderen zu Boden, woraufhin sieben Waffen gezogen wurden. »Scheiße!«, gab Joschi halblaut von sich, zückte ebenfalls seine Dienstpistole, blieb jedoch in Deckung. Kurz überlegte er, eine Scheibe einzuschlagen, »*Polizei*« hineinzurufen und auf die Gangster zu zielen. Aber er hielt sich zurück, um nicht unnötige Nervosität zu verbreiten. Die Spannung in der Luft war spürbar.

Plötzlich fielen drinnen Schüsse. Der dumpfe Klang drang zu ihm vor und durchbebte diese Nacht auf schauderhafte Weise. Joschi zog den Kopf ein, wartete. Und dann war da dieser schreckliche Moment der Stille. Langsam hob er seinen Blick über den Rand des Fensters. Zwei leblose Körper lagen am Boden, und in der Ecke stützte sich Harry Röhrig, der ›König‹ der Reeperbahn, schwer gegen die Wand. Seine Waffe glitt ihm aus der Hand und er sackte auf die Knie. Seine Hand hinterließ Blutschlieren an der Wand.

Mit entschlossenen Schritten ging Joschi zur Eingangstür, riss sie auf und stürmte in das Gebäude. Die Kampfeslust der Kontrahenten lag wie Blei in der Luft. »Polizei! Die Waffen auf den Boden und die Flossen in die Luft!«, brüllte Joschi. Vier Gangster stürmten fluchtartig aus dem Gebäude. »Stehenbleiben!«, brüllte Joschi und zielte auf sie. Doch er drückte nicht ab, sondern schob seine Waffe ins Holster und kniete sich neben Harry Röhrig.

»Joschi«, hauchte er mit letzter Kraft und sackte vornüber. Der Kriminalhauptkommissar fing den Oberkörper des ›Königs‹ auf, stützte ihn, während der ›König‹ mit blutigen Händen Joschis Handgelenke umklammerte.

»Joschi, mich hat es erwischt, Mann.«

»Ganz ruhig, Harry. Meine Kollegen sind gleich hier und sie werden einen Notarzt mitbringen.«

»Ich muss dir etwas sagen, Joschi ...«

»Spare lieber deine Kraft. Wir können morgen über alles reden.«

Harry krallte mit einer Hand Joschis Kragen und zog den Kommissar zu sich heran. »Ich habe Ali Yilmaz erschossen!«, gestand der ›König‹, seine Stimme brüchig.

Joschi stockte der Atem und sein Hirn versuchte, das zu verarbeiten.

»Und ich habe den schönen Hermann aufgeschlitzt, damit die Viper-Gang sich selbst zerfleischt.«

Joschi schluckte. »Aber wieso, Harry?«

»Türken-Ralle war zu mächtig geworden, Joschi ...« Harry wand sich unter einem schmerzverzerrten Stöhnen.

Beim Anblick des ›Königs‹ überkam Joschi eine Ahnung, dass es mit ihm zu Ende ging. Sein Atem wurde schwächer, sein Griff verlor Kraft und sein Blick verschwand mehrmals im Nichts. Es ging zu

Ende mit dem ›König‹ und er wollte sein Gewissen erleichtern. Aber warum vor Joschi?

»Joschi, ich habe auch Reni auf dem Gewissen ...«

»Was?«, brüllte Joschi. »Aber warum? Sie war frei, das hattest du mir versprochen. Warum das alles, Harry? Warum?«

Harry Röhrig stöhnte schwer, griff sich an die Brust und lachte abgehackt Blut spuckend. »Mensch, Joschi, du musst doch mitbekommen haben, dass ich immer mehr Macht verloren habe und Türken-Ralle immer stärker wurde ...« Er schloss die Augen. Joschi verstand.

»Da kam dir diese neue Gruppierung Viper ganz recht, stimmts?«

Harry nickte und spie hustend Blut.

Joschis innerliche Wut stieg. Kurz dachte er daran, dem ›König‹ so lange in die Fresse zu schlagen, bis der Kerl endlich abgekratzt war.

»Ein Krieg zwischen der Viper und Türken-Ralle sollte meine Position wieder stärken ... Joschi, es tut mir leid ...«

Harry Röhrig sackte in den Armen des Kommissars zusammen. Joschi fühlte den Puls des Mannes in seinen Armen. Nichts. Dann legte er den ›König‹ am Boden ab, verschränkte die Finger über dem Kopf und ging langsam zum Ausgang. Das Geständnis des ›Königs‹ traf Joschi wie ein Schlag. Sein alter Gegner und zugleich Weggefährte steckte nicht nur hinter dem Bandenkrieg auf der Reeperbahn, er hatte auch Reni auf dem Gewissen. Ein furchtbarer Strudel der Gewalt.

Ein Gefühlschaos durchzog Joschi. Wut, Trauer, und eine seltsame Mischung aus Mitleid und Verachtung für den Mann, der nun tot hinter ihm im Staub lag.

»War es das alles wert?«, flüsterte Joschi, doch Harry Röhrig konnte keine Antwort mehr geben. Das Licht dieses Tages würde für immer verdunkelt werden vom Schmerz, den dieses Geständnis hinterlassen hatte.

Schwere und schnelle Schritte hinter ihm. Joschi blieb reglos stehen.

In diesem Moment traf Micha mit Verstärkung ein, er und mehrere Kollegen huschten geduckt mit gezogenen Pistolen in das Lagergebäude. »Sicher«, ertönten Rufe. Micha steckte seine Pistole ins Holster, trat vor Joschi. »Alles okay?«, fragte er. Sein Chef antwortete nicht, starrte nur vor sich hin, stumme Tränen im Gesicht. Der Anblick schnürte Micha den Hals zu. Joschi, sein Chef, stand mitten in einem Raum voller Gewalt und Leid, sein Gesicht ein Spiegelbild von Chaos und Emotionen.

»Joschi, was ist passiert?«, fragte Micha, besorgt über den Zustand seines Chefs und Freundes. Joschis Blick hob sich, und seine Augen erzählten eine Geschichte von Verlust und Verrat, die schwer zu ertragen war.

* * *

Eine beinahe schlaflose Nacht lag hinter Joschi. Völlig übermüdet erhob er sich und vollbrachte mechanisch die allmorgendliche Prozedur, bis er auf der Davidwache hinter seinem Schreibtisch saß. Wie jeden Morgen erschien Micha eine Viertelstunde nach ihm, verstaute seine Brotbüchse im Schreibtisch und sichtete die Vorgänge in seinem Posteingangskorb. Joschi sah ihm reglos zu. So verging dieser Tag als der erste Tag im Leben des Kriminalhauptkommissars Joseph Reinsch, an dem er nicht seine Pflichten erfüllte.

Gegen Feierabend sah Micha zu ihm herüber. »Der Krieg auf der Reeperbahn ist vorbei, Joschi. Und mit ihm endet auch der Krieg, der die dunklen Gassen von Hamburg beherrscht hatte.«

Joschi nickte stumm und lächelte schwach. Er stand vor den Trümmern seiner Überzeugungen, die von den letzten Worten des sterbenden ›Königs‹ erschüttert worden waren. Er fühlte nichts als Verlust und Betrug und er fragte sich, welchen Sinn sein Beruf als Kriminalkommissar eigentlich hatte.

Micha, der die Veränderung in Joschis Augen sah, versuchte, ihn aufzumuntern. »Wir haben die

Wahrheit ans Licht gebracht. Die Gerechtigkeit hat gesiegt.«

Joschi erhob sich, sah aus dem Fenster und blickte auf das trübe Wasser der Elbe hinaus. »Hat sie das tatsächlich, in diesem Spiel von Macht und Intrigen? Wer gewinnt am Ende wirklich?«

Bevor Micha antworten konnte, betrat ein Kollege den Raum, eine Tageszeitung in der Hand. Auf der Titelseite prangte ein Bild, das die Zukunft der Reeperbahn in düsteren Farben malte. Türken-Ralle kniete vor einem neuen arabischen Unterwelt-boss und küsste dessen Siegelring. Die Schlagzeile lautete: »Der ›König‹ ist tot, es lebe der ›König‹.«

Joschi ließ den Blick durch den Raum schwei-fen, und die Worte kamen leise über seine Lippen. »Wir werden nie gewinnen.«

Das Gesagte hing wie Blei in der Luft. Die Ermittler hatten einen Krieg beendet, nur um zu erkennen, dass ein neues Kapitel begonnen hatte. Micha spürte die Schwere der Enttäuschung in Joschis Stimme.

»Joschi, komm. Lass uns was trinken gehen.«

»Etwas trinken gehen?«

Micha hob kurz die Schultern. »Lass uns irgendwo hingehen. Vielleicht wird es leichter, wenn wir nicht alleine sind«, schlug er vor und legte seinem Freund tröstend die Hand auf die Schulter.

Joschi zögerte einen Moment, dann nickte er langsam. Gemeinsam verließen sie den Raum, in dem die Schatten der Vergangenheit noch immer zu spüren waren. Der Weg führte sie in eine Bar, wo das gedämpfte Licht und das Raunen der Menschen eine flüchtige Flucht vor der Realität boten.

Die beiden Kommissare setzten sich an einen Tisch, und das Bier wurde bestellt. Zwischen den Schlucken sprachen sie wenig, aber die Stille war tröstlich. Manchmal waren Worte einfach nicht genug, und die Präsenz eines Freundes konnte mehr Trost spenden als jeder Versuch, die Sinnlosigkeit der Welt zu erklären.

KAPITEL DREISSIG

Ich hatte das Gefühl, dass ich auf Wolken schwebte, als ich den Laden verließ. Die Einkaufstüte, schwer von den Toilettensteinen und dem Klebeband, pendelte an meiner Seite. Ein Gefühl der Zufriedenheit breitete sich in mir aus, und ich spürte, dass dieser Tag etwas Besonderes war. Lydias Zerstückelung war etwas Außergewöhnliches gewesen. Ein kurzer Blick auf die Uhr verriet, dass es Zeit für einen Zwischenstopp im ›Goldenen Handschuh‹ war.

Der Geruch von verqualmtem Holz und abgestandenem Bier schlug mir entgegen, als ich die Tür öffnete. Das Gedränge der Stammgäste, das leise Geraune der Gespräche, all das wirkte beruhigend auf mich. Mein Stammplatz war besetzt, ich fand einen anderen freien Platz. Jonny stellte mir zuverlässig ein paar Fanta mit Korn nacheinander hin.

Während ich meine Getränke genoss, wanderte mein Blick über die schmuddeligen Wände des ›Goldenen Handschuhs‹. Hier hatte ich so viele Abende verbracht, und heute fühlte es sich an, als hätte ich allen Grund zu feiern. Ich spendierte den anderen, die am Tresen saßen, mehrere Runden, sie prosteten mir dankend zu – ein friedvolles Wohnzimmer.

Gegen Abend machte ich mich auf den Weg nach Hause. Die Dämmerung legte sich über die Straßen, und die Lichter der Reeperbahn flackerten wie Sterne in einer vertrauten Nacht. Ein Gefühl von Macht begleitete mich auf dem Weg zu meinem Wohnhaus.

Doch als ich um die Ecke bog und meinen Blick auf das Gebäude warf, stockte mein Atem. Flammen loderten aus den Fenstern. Die Feuerwehr war bereits vor Ort, und ihre roten Wagen versperrten mir den Weg.

»Halt! Sie dürfen hier nicht weiter!«, rief einer der Feuerwehrmänner mir entgegen.

Meine Hände zitterten. »Ich wohne dort, ich muss in meine Wohnung.« Ich protestierte wild, versuchte, mich vorbeizudrängen. »Meine Bude fackelt ab, ich muss da rein! Da sind wichtige Sachen drin.«

»Nix da!«, blaffte der Feuerwehrmann nur kurz.

Im selben Augenblick kamen zwei Streifenpolizisten dazu und drängten mich zurück. »Bitte halten Sie Abstand, weiter vorn besteht Lebensgefahr.«

Die Polizisten ließen mich nicht durch. Der Brand war außer Kontrolle geraten, und ich stand hilflos da. Tausend Gedanken schossen mir durch den Kopf, als ich zu den Fenstern meiner Wohnung im Dachgeschoss hinaufsah. Flammen schlugen nun aus meinem Küchenfenster. Wenn das Feuer gründlich wütete, würde von Gerti, Emmy, Hanna und Lydia nichts mehr übrig bleiben. Doch als eine Feuerwehrleiter in die Richtung schwenkte und der Mann mit dem C-Rohr die Flammen löschte, überkamen mich panische Ängste. Die Toilettensteine und das Klebeband in der Tüte, die ich zitternd hielt, hatten ihren Sinn verloren. Planlos wandte ich mich um, wissend, dass ich kein Zuhause mehr hatte.

Plötzlich bemerkte ich zwei vertraute Gestalten. Die Kommissare, die mich schon einmal verhört hatten. Was zur Hölle hatten die hier zu suchen? Ein ungutes Gefühl stieg in mir auf. Ich hielt mich hinter anderen Leuten in Deckung. Die Kommissare gingen vorüber, ohne mich zu bemerken. Als ich mich davonschleichen wollte, stürmte einer der Feuerwehrmänner auf die Polizisten zu. Unweigerlich musste ich lauschen, obwohl es klar war, was es zu berichten gab.

»Da sind Leichenteile in einer Wohnung«, informierte der eifrige Feuerwehrmann die uniformierten Polizisten. Die Kommissare gingen näher heran. Die Bullen gerieten in sichtbare Aufregung, während sie redeten. Ich war gelähmt vor Angst, sie hatten meine Opfer entdeckt. Meine Kehle wurde trocken, und ich konnte nicht glauben, was ich hörte.

Plötzlich deutete einer der Uniformierten auf mich. »Das ist er!«, rief er. Ich wandte mich rasch um, bereit zur Flucht. Augenblicklich eilten die Kommissare auf mich zu, packten mich grob an den Armen. »Halt!«, rief einer von ihnen, während der andere mir einen durchdringenden Blick zuwarf. »Karl-Heinz Haack, Sie kommen jetzt mit uns.«

KAPITEL EINUNDDREISSIG

1996 – 22 Jahre danach

Das ist nicht meine Wohnung und das ist nicht mein Bett, in dem ich liege! Ich ziehe die Decke bis zum Kinn hoch. Der Raum riecht nach Desinfektionsmittel und nach den Jahren des Verfalls, die ich hier schon verbracht hatte. Schwester Beate betritt mein Zimmer, ein falsches Lächeln auf den Lippen.

»Guten Tag, Herr Jensen«, begrüßt sie mich mit einer freundlichen Stimme. *Jensen* – dieser verdammte Name, den sie mir hier angedichtet haben.

»Wie geht es Ihnen heute?«

Mein Ärger blubbert hoch, doch ich versuche, ihn zu unterdrücken. »Mein Name ist nicht Jensen! Wann begreifen Sie das endlich?«, fahre ich sie an. Schwester Beate seufzt und schüttelt den Kopf.

»Kommen Sie, ich bringe Sie in den Aufenthaltsraum. Vielleicht tut Ihnen etwas Gesellschaft gut.«

Ich lasse mich von dieser falschen Schlange in
einem Rollstuhl aus dem Zimmer kutschieren.
Dabei rühre ich keinen Finger, soll sie sich ruhig
krumm machen. Der Aufenthaltsraum ist ein
beschissener Ort. Menschen, die mit leeren Blicken
vor sich hinstarren, während der Fernseher leise vor
sich hin plappert. »Ich will nicht fernsehen!«

Schwester Beate schiebt mich vor das Fenster.
Ich starre auf den tristen Innenhof.

»Genießen Sie den Ausblick, Herr Jensen. Ich
hole Sie nachher wieder ab.«

Ich mache eine wegwischende Geste, ohne sie
anzusehen. »Es stinkt hier wie in einer Leichenhalle«, schimpfe ich vor mich hin. »Nach Verwesung.
Wieso tut hier keiner etwas dagegen?«

Schwester Beate seufzte erneut. »Herr Jensen,
das bilden Sie sich ein. Hier ist alles in Ordnung.
Machen Sie sich keine Sorgen.«

Auch an diesem Tag beschwerte ich mich mehrmals
über den Gestank, über die Tristesse, über alles.
Doch niemand scheint meine Beschwerden ernst zu
nehmen. Die Pfleger und Pflegerinnen schieben es
auf meine Krankheit, auf die Demenz, die mich
plagt. Sie tun so, als wäre ich bekloppt. Da niemand
etwas gegen den Verwesungsgeruch unternimmt,

fordere ich nach Toilettensteinen und Klebeband. Immer und immer wieder. Als die Pflegerin mit einem genervten Blick endlich das Gewünschte bringt, klebe ich das Klebeband über die Ritzen der Fenster, in der Hoffnung, den Gestank fernzuhalten.

Es ist ein sinnloses Unterfangen, denn kaum, dass ich den Raum verlasse, reißt jemand das Klebeband wieder ab. Ich verklebe die Ritzen wieder und wieder, es wird zu einer Tagesaufgabe für mich. Aber jedes Mal entfernt jemand das Klebeband wieder. »Wer war das?«, brülle ich. Das Einzige, was ich daraufhin ernte, sind leere Blicke der Bekloppten um mich herum. Mein Tun ist allmählich sinnlos. Aber der Gedanke, etwas Kontrolle zu haben, beruhigt mich für einen Moment.

Ein brennender Schmerz durchzieht plötzlich meine Brust. Lähmende Angst und Klarheit wechseln sich ab. In den Momenten der Klarheit spüre ich die Einsamkeit, die sich wie ein eisiger Nebel um mein Herz legt. Ich versuche, die Gedanken zu verdrängen, mich auf das Hier und Jetzt zu konzentrieren.

* * *

Wieder einmal habe ich jedes Zeitgefühl verloren, starre an die halbdunkle Zimmerdecke. Von der Seite her dringt ein gleichmäßiger Piepton zu mir vor, ich sehe dort hin. Ein Überwachungsmonitor – ein Anblick, der mir bekannt ist. Der Raum um mich herum verschwimmt, und der Verwesungsgeruch, den ich so oft beklagt hatte, scheint nun von mir selbst auszugehen. Ich schließe die Augen, versuche, dem Schmerz zu entkommen.

Als ich die Augen wieder öffne, steht eine Krankenschwester am Fuß meines Bettes. Ihr Gesicht wirkt ernst, und ihr Blick ist auf den Monitor gerichtet. »Wir brauchen einen Arzt hier!«, ruft sie in den Gang.

Alles verschwimmt plötzlich zu einem unklaren Bild. Menschen eilen herbei, doch ich kann ihre Worte nicht verstehen. Der Schmerz in meinem Inneren weicht plötzlich, das Piepen verschwindet. Kalte Elektroden liegen an meinen Seiten, Stromstöße lassen meinen Körper hochfahren. Drei Mal, vier Mal.

Dann ist der Verwesungsgeruch endlich fort und ich bin auf einem Schiff. Mit meinem Vater. Wir sind schön angezogen. Es riecht so gut. »Papa.«

KAPITEL ZWEIUNDDREISSIG

Die schwere Stille in dem kleinen Krankenzimmer lastete auf den Schultern von Schwester Beate, als sie allein am Fußende des Bettes stand. Der leblose Körper von Peter Jensen lag still auf dem Bett, die Spuren seines rätselhaften Lebens und des unausweichlichen Todes auf seinem Gesicht. Das Piepen der Überwachungsgeräte hatte aufgehört, und die Monotonie der vitalen Zeichen war einem trostlosen Schweigen gewichen. Sie warf einen letzten Blick auf den Toten, bevor sie begann, die Hinterlassenschaften des verlorenen Rettungskampfes zu beseitigen.

Als alles wieder an seinem Platz war, näherte sie sich langsam dem Bett und strich sanft über die kalte Stirn des Verstorbenen. Die Bilder aus den letzten Wochen flackerten vor ihrem inneren Auge auf – die Beschwerden, die wirren Geschichten, die ständigen Forderungen nach Toilettensteinen und Klebeband. Ein Teil von ihr fühlte eine Art Befreiung, dass dieses Kapitel endlich geschlossen war, doch ein anderer Teil trauerte wegen der Einsamkeit, in der dieser Mensch gelebt hatte. Ein Schicksal, das die meisten ihrer Patienten teilten und das sie manchmal über den Sinn des Lebens nachdenken ließ.

Die Tür zum Zimmer öffnete sich, und Doktor Jesper betrat den Raum. Sein Blick war nüchtern, als er Schwester Beate ansah. »Wir haben es versucht, Schwester. Aber manchmal ist der Körper einfach zu müde, um weiterzumachen.«

Schwester Beate nickte stumm. »Was geschieht nun mit ihm?«, fragte sie, obwohl sie die Antwort bereits kannte.

Der Arzt sah in seine Unterlagen. »Keine registrierten Verwandten, kein Besuch in all den Jahren. Er wird anonym verbrannt und bestattet.«

Diese trockenen Worte hallten in der Stille wider. Schwester Beate spürte eine Mischung aus Erleichterung und Traurigkeit. Erleichterung, dass dieser Mann nicht mehr in der Welt umherirrte, dass seine düsteren Schatten endlich verschwunden waren. Traurigkeit, weil er einsam und ohne Würdigung sein Ende gefunden hatte.

»Verbrannt und anonym bestattet«, wiederholte Schwester Beate leise, als wollte sie die Worte verarbeiten. »So viele Menschen enden auf diese Weise.«

Doktor Jesper verließ das Zimmer, und Schwester Beate blieb allein mit den Erinnerungen an einen Menschen, der viele Jahre lang hier im Altenheim ein Schattendasein geführt hatte. Dieser eigenartige Mann, von dem niemand Genaues wusste, nur so viel, dass er zuvor aus einer Psychiatrischen Einrichtung entlassen wurde. Sie setzte sich einen Moment lang auf einen Stuhl, ihr Blick auf den leblosen Körper gerichtet, und ließ die Gemütsbewegungen in ihrem Inneren Raum finden.

Wie dieser Mensch wohl in jüngeren Jahren gewesen war? Ob er schon immer als einsamer Wolf durchs Leben streifte? Unbewusst tastete sie den nackten Ringfinger ihrer rechten Hand. Dann erhob sie sich und verließ das Zimmer mit einem schweren Herzen, bereit, sich den nächsten Herausforderungen im Altenheim zu stellen. Aber an diesem Abend würde sie Gesellschaft suchen. Einen Partner, mit dem sie alt werden konnte, mit dem sie sich schwor, immer füreinander da zu sein.

DER WAHRE FALL

1. **Der wahre Fall**

Dieser Roman basiert auf der wahren Geschichte des Serienmörders Fritz Honka. https://de.wikipedia.org/wiki/Fritz_Honka
Fritz Honka (in diesem Roman Karl-Heinz Haack / Kalle).
31.7.1935 Geburt.
19.10.1998 Tod.

PainMatrix Thriller

Bisher erschienen:

Der Betreuer - Michael Wagner

Der Blutsauger - Noah Fitz

Der Kaltmacher - Jörg Piesker

Der Weisse - Jörg Piesker

Der Kannibale - Jörg Piesker

Jeder Teil einzeln lesbar

DANKE

Danke lieber Bernd, dass dir auf deiner Hamburg-Reise die Idee kam den ›Goldenen Handschuh‹ aufzusuchen, jenen Ort, an dem Fritz Honka seine Opfer beobachtete und auswählte. Du hast dir gewünscht, diesen Ort und dieses Monster in einem Pain Matrix Thriller wiederzufinden. Danke für diese Inspiration.

* * *

Wenn ich meine Romane fertig geschrieben habe, überarbeite ich sie mehrfach. Fünf bis sieben Durchgänge sind normal. Erst danach gebe ich sie ins Korrektorat.

Obwohl ich mir meiner Sache zu diesem Zeitpunkt sicher bin, filtert das Korrektorat erstaunlich viele Fehler heraus. Danke, liebe Stefanie Brandt, an dieser Stelle, für deine zuverlässige Arbeit in all meinen Genres.

Dann gelangen die E-Books endlich zu meinen Testlesern. Zu diesem Zeitpunkt bin ich wiederum fest überzeugt, dass es so gut wie keine Fehler mehr gibt.

Aber liebe Freunde, wie Bernd Kroll und Janette Fahlpahl finden selbst dann noch etwas und geben mir ihr wertvolles Feedback.

Danke, dass es euch gibt und dass ihr die letzten Ungereimtheiten aus meinen Romanen herauskristallisiert.

Nach all diesen Testläufen habe ich ein gutes Gewissen, dass meine Romane kleine Schätze mit großem Lesegenuss sind.

Sollten Sie dennoch einen Rechtschreibfehler oder eine logische Ungereimtheit entdecken, so scheuen Sie sich nicht, mir das per PN in Facebook oder per Email pieskerg@googlemail mitzuteilen.

Ihr Jörg Piesker